清华大学优秀博士学位论文丛书

在降本与增效之间：
跨域政务合作的组织行为逻辑

王雪纯（Wang Xuechun）著

Between Reducing Costs and Increasing Efficiency:
The Inter-local Collaboration Logic
of Delivering Government Services

清华大学出版社
北京

内 容 简 介

本书集中对话地方政府间合作文献，吸收工具性和合法性维度的影响因素，构建"跨域通办""需求侧—供给侧"整合性解释框架，聚焦中国长三角、珠三角及其毗邻省份，构建包含 155 个地级行政区样本和 11935 个非定向"城市对"的数据库，从合作决策的三个层面——合作广度、合作联结和合作程度剖析府际合作的生成逻辑。本研究创新性地提出了合作决策三层面模型、"需求侧—供给侧"框架、授权型非毗邻合作模式及个别变量的测量方法，可对府际合作研究进行有效补充。

图书在版编目（CIP）数据

在降本与增效之间：跨域政务合作的组织行为逻辑 / 王雪纯著. -- 北京：清华大学出版社，2025. 8. --（清华大学优秀博士学位论文丛书）. -- ISBN 978-7-302-70121-7

Ⅰ. D625

中国国家版本馆 CIP 数据核字第 2025K2D173 号

责任编辑：商成果
封面设计：傅瑞学
责任校对：赵丽敏
责任印制：刘海龙

出版发行：清华大学出版社
    网   址：https://www.tup.com.cn，https://www.wqxuetang.com
    地   址：北京清华大学学研大厦 A 座   邮   编：100084
    社 总 机：010-83470000   邮   购：010-62786544
    投稿与读者服务：010-62776969，c-service@tup.tsinghua.edu.cn
    质量反馈：010-62772015，zhiliang@tup.tsinghua.edu.cn
印 装 者：三河市东方印刷有限公司
经 销：全国新华书店
开 本：155mm×235mm   印 张：11.5   字   数：194 千字
版 次：2025 年 8 月第 1 版   印   次：2025 年 8 月第 1 次印刷
定 价：69.00 元

产品编号：107151-01

本研究课题得到西交利物浦大学 Research Development Fund "Unpacking the Roles of Peer Conformity in Inter-local Cooperation"（RDF-23-01-036）的支持。

一流博士生教育
体现一流大学人才培养的高度（代丛书序）①

　　人才培养是大学的根本任务。只有培养出一流人才的高校，才能够成为世界一流大学。本科教育是培养一流人才最重要的基础，是一流大学的底色，体现了学校的传统和特色。博士生教育是学历教育的最高层次，体现出一所大学人才培养的高度，代表着一个国家的人才培养水平。清华大学正在全面推进综合改革，深化教育教学改革，探索建立完善的博士生选拔培养机制，不断提升博士生培养质量。

学术精神的培养是博士生教育的根本

　　学术精神是大学精神的重要组成部分，是学者与学术群体在学术活动中坚守的价值准则。大学对学术精神的追求，反映了一所大学对学术的重视、对真理的热爱和对功利性目标的摒弃。博士生教育要培养有志于追求学术的人，其根本在于学术精神的培养。

　　无论古今中外，博士这一称号都和学问、学术紧密联系在一起，和知识探索密切相关。我国的博士一词起源于 2000 多年前的战国时期，是一种学官名。博士任职者负责保管文献档案、编撰著述，须知识渊博并负有传授学问的职责。东汉学者应劭在《汉官仪》中写道："博者，通博古今；士者，辩于然否。"后来，人们逐渐把精通某种职业的专门人才称为博士。博士作为一种学位，最早产生于 12 世纪，最初它是加入教师行会的一种资格证书。19 世纪初，德国柏林大学成立，其哲学院取代了以往神学院在大学中的地位，在大学发展的历史上首次产生了由哲学院授予的哲学博士学位，并赋予了哲学博士深层次的教育内涵，即推崇学术自由、创造新知识。哲学博士的设立标志着现代博士生教育的开端，博士则被定义为独立从事学术研究、具备创造新知识能力的人，是学术精神的传承者和光大者。

---

① 本文首发于《光明日报》，2017 年 12 月 5 日。

博士生学习期间是培养学术精神最重要的阶段。博士生需要接受严谨的学术训练，开展深入的学术研究，并通过发表学术论文、参与学术活动及博士论文答辩等环节，证明自身的学术能力。更重要的是，博士生要培养学术志趣，把对学术的热爱融入生命之中，把捍卫真理作为毕生的追求。博士生更要学会如何面对干扰和诱惑，远离功利，保持安静、从容的心态。学术精神，特别是其中所蕴含的科学理性精神、学术奉献精神，不仅对博士生未来的学术事业至关重要，对博士生一生的发展都大有裨益。

独创性和批判性思维是博士生最重要的素质

博士生需要具备很多素质，包括逻辑推理、言语表达、沟通协作等，但是最重要的素质是独创性和批判性思维。

学术重视传承，但更看重突破和创新。博士生作为学术事业的后备力量，要立志于追求独创性。独创意味着独立和创造，没有独立精神，往往很难产生创造性的成果。1929 年 6 月 3 日，在清华大学国学院导师王国维逝世二周年之际，国学院师生为纪念这位杰出的学者，募款修造"海宁王静安先生纪念碑"，同为国学院导师的陈寅恪先生撰写了碑铭，其中写道："先生之著述，或有时而不章；先生之学说，或有时而可商；惟此独立之精神，自由之思想，历千万祀，与天壤而同久，共三光而永光。"这是对于一位学者的极高评价。中国著名的史学家、文学家司马迁所讲的"究天人之际，通古今之变，成一家之言"也是强调要在古今贯通中形成自己独立的见解，并努力达到新的高度。博士生应该以"独立之精神、自由之思想"来要求自己，不断创造新的学术成果。

诺贝尔物理学奖获得者杨振宁先生曾在 20 世纪 80 年代初对到访纽约州立大学石溪分校的 90 多名中国学生、学者提出："独创性是科学工作者最重要的素质。"杨先生主张做研究的人一定要有独创的精神、独到的见解和独立研究的能力。在科技如此发达的今天，学术上的独创性变得越来越难，也愈加珍贵和重要。博士生要树立敢为天下先的志向，在独创性上下功夫，勇于挑战最前沿的科学问题。

批判性思维是一种遵循逻辑规则、不断质疑和反省的思维方式，具有批判性思维的人勇于挑战自己，敢于挑战权威。批判性思维的缺乏往往被认为是中国学生特有的弱项，也是我们在博士生培养方面存在的一个普遍问题。2001 年，美国卡内基基金会开展了一项"卡内基博士生教育创新计划"，针对博士生教育进行调研，并发布了研究报告。该报告指出：在美国和欧洲,培养学生保持批判而质疑的眼光看待自己、同行和导师的观点同样非常不容易,批判性思维的培养必须成为博士生培养项目的组成部分。

对于博士生而言,批判性思维的养成要从如何面对权威开始。为了鼓励学生质疑学术权威、挑战现有学术范式,培养学生的挑战精神和创新能力,清华大学在 2013 年发起"巅峰对话",由学生自主邀请各学科领域具有国际影响力的学术大师与清华学生同台对话。该活动迄今已经举办了 21期,先后邀请 17 位诺贝尔奖、3 位图灵奖、1 位菲尔兹奖获得者参与对话。诺贝尔化学奖得主巴里·夏普莱斯(Barry Sharpless)在 2013 年 11 月来清华参加"巅峰对话"时,对于清华学生的质疑精神印象深刻。他在接受媒体采访时谈道:"清华的学生无所畏惧,请原谅我的措辞,但他们真的很有胆量。"这是我听到的对清华学生的最高评价,博士生就应该具备这样的勇气和能力。培养批判性思维更难的一层是要有勇气不断否定自己,有一种不断超越自己的精神。爱因斯坦说:"在真理的认识方面,任何以权威自居的人,必将在上帝的嬉笑中垮台。"这句名言应该成为每一位从事学术研究的博士生的箴言。

提高博士生培养质量有赖于构建全方位的博士生教育体系

一流的博士生教育要有一流的教育理念,需要构建全方位的教育体系,把教育理念落实到博士生培养的各个环节中。

在博士生选拔方面,不能简单按考分录取,而是要侧重评价学术志趣和创新潜力。知识结构固然重要,但学术志趣和创新潜力更关键,考分不能完全反映学生的学术潜质。清华大学在经过多年试点探索的基础上,于 2016年开始全面实行博士生招生"申请-审核"制,从原来的按照考试分数招收博士生,转变为按科研创新能力、专业学术潜质招收,并给予院系、学科、导师更大的自主权。《清华大学"申请-审核"制实施办法》明晰了导师和院系在考核、遴选和推荐上的权力和职责,同时确定了规范的流程及监管要求。

在博士生指导教师资格确认方面,不能论资排辈,要更看重教师的学术活力及研究工作的前沿性。博士生教育质量的提升关键在于教师,要让更多、更优秀的教师参与到博士生教育中来。清华大学从 2009 年开始探索将博士生导师评定权下放到各学位评定分委员会,允许评聘一部分优秀副教授担任博士生导师。近年来,学校在推进教师人事制度改革过程中,明确教研系列助理教授可以独立指导博士生,让富有创造活力的青年教师指导优秀的青年学生,师生相互促进、共同成长。

在促进博士生交流方面，要努力突破学科领域的界限，注重搭建跨学科的平台。跨学科交流是激发博士生学术创造力的重要途径，博士生要努力提升在交叉学科领域开展科研工作的能力。清华大学于2014年创办了"微沙龙"平台，同学们可以通过微信平台随时发布学术话题，寻觅学术伙伴。3年来，博士生参与和发起"微沙龙"12000多场，参与博士生达38000多人次。"微沙龙"促进了不同学科学生之间的思想碰撞，激发了同学们的学术志趣。清华于2002年创办了博士生论坛，论坛由同学自己组织，师生共同参与。博士生论坛持续举办了500期，开展了18000多场学术报告，切实起到了师生互动、教学相长、学科交融、促进交流的作用。学校积极资助博士生到世界一流大学开展交流与合作研究，超过60％的博士生有海外访学经历。清华于2011年设立了发展中国家博士生项目，鼓励学生到发展中国家亲身体验和调研，在全球化背景下研究发展中国家的各类问题。

在博士学位评定方面，权力要进一步下放，学术判断应该由各领域的学者来负责。院系二级学术单位应该在评定博士论文水平上拥有更多的权力，也应担负更多的责任。清华大学从2015年开始把学位论文的评审职责授权给各学位评定分委员会，学位论文质量和学位评审过程主要由各学位分委员会进行把关，校学位委员会负责学位管理整体工作，负责制度建设和争议事项处理。

全面提高人才培养能力是建设世界一流大学的核心。博士生培养质量的提升是大学办学质量提升的重要标志。我们要高度重视、充分发挥博士生教育的战略性、引领性作用，面向世界、勇于进取，树立自信、保持特色，不断推动一流大学的人才培养迈向新的高度。

清华大学校长

2017 年 12 月

丛书序二

以学术型人才培养为主的博士生教育,肩负着培养具有国际竞争力的高层次学术创新人才的重任,是国家发展战略的重要组成部分,是清华大学人才培养的重中之重。

作为首批设立研究生院的高校,清华大学自20世纪80年代初开始,立足国家和社会需要,结合校内实际情况,不断推动博士生教育改革。为了提供适宜博士生成长的学术环境,我校一方面不断地营造浓厚的学术氛围,另一方面大力推动培养模式创新探索。我校从多年前就已开始运行一系列博士生培养专项基金和特色项目,激励博士生潜心学术、锐意创新,拓宽博士生的国际视野,倡导跨学科研究与交流,不断提升博士生培养质量。

博士生是最具创造力的学术研究新生力量,思维活跃,求真求实。他们在导师的指导下进入本领域研究前沿,汲取本领域最新的研究成果,拓宽人类的认知边界,不断取得创新性成果。这套优秀博士学位论文丛书,不仅是我校博士生研究工作前沿成果的体现,也是我校博士生学术精神传承和光大的体现。

这套丛书的每一篇论文均来自学校新近每年评选的校级优秀博士学位论文。为了鼓励创新,激励优秀的博士生脱颖而出,同时激励导师悉心指导,我校评选校级优秀博士学位论文已有20多年。评选出的优秀博士学位论文代表了我校各学科最优秀的博士学位论文的水平。为了传播优秀的博士学位论文成果,更好地推动学术交流与学科建设,促进博士生未来发展和成长,清华大学研究生院与清华大学出版社合作出版这些优秀的博士学位论文。

感谢清华大学出版社,悉心地为每位作者提供专业、细致的写作和出版指导,使这些博士论文以专著方式呈现在读者面前,促进了这些最新的优秀研究成果的快速广泛传播。相信本套丛书的出版可以为国内外各相关领域或交叉领域的在读研究生和科研人员提供有益的参考,为相关学科领域的发展和优秀科研成果的转化起到积极的推动作用。

　　感谢丛书作者的导师们。这些优秀的博士学位论文，从选题、研究到成文，离不开导师的精心指导。我校优秀的师生导学传统，成就了一项项优秀的研究成果，成就了一大批青年学者，也成就了清华的学术研究。感谢导师们为每篇论文精心撰写序言，帮助读者更好地理解论文。

　　感谢丛书的作者们。他们优秀的学术成果，连同鲜活的思想、创新的精神、严谨的学风，都为致力于学术研究的后来者树立了榜样。他们本着精益求精的精神，对论文进行了细致的修改完善，使之在具备科学性、前沿性的同时，更具系统性和可读性。

　　这套丛书涵盖清华众多学科，从论文的选题能够感受到作者们积极参与国家重大战略、社会发展问题、新兴产业创新等的研究热情，能够感受到作者们的国际视野和人文情怀。相信这些年轻作者们勇于承担学术创新重任的社会责任感能够感染和带动越来越多的博士生，将论文书写在祖国的大地上。

　　祝愿丛书的作者们、读者们和所有从事学术研究的同行们在未来的道路上坚持梦想，百折不挠！在服务国家、奉献社会和造福人类的事业中不断创新，做新时代的引领者。

　　相信每一位读者在阅读这一本本学术著作的时候，在汲取学术创新成果、享受学术之美的同时，能够将其中所蕴含的科学理性精神和学术奉献精神传播和发扬出去。

清华大学研究生院院长

2018 年 1 月

序言一：导师序言

　　王雪纯的博士学位论文主题，是在整体化政府的方向下地方政府机构之间进行政务服务合作。整体化政府的改革在我国有各种应用场景和表现形式，在政务服务提供方面比较多地表现为"跨域通办""高效办成一件事"和"一网通办"等。2020年9月，国务院办公厅发布《关于加快推进政务服务"跨省通办"的指导意见》，为在全国展开"跨域通办"提供了重要依据。"跨域通办"的改革举措具有多方面的重要意义，它是转变政府职能和提升政务服务能力的重要途径，是畅通国民经济循环、促进要素自由流动的重要支撑，对提升国家治理体系和治理能力现代化水平具有重要作用。

　　研究"跨域通办"的角度可以有许多种，王雪纯博士选取的是地方政府机构之间的自主性和让渡性合作，这有助于支持和解释"跨域通办"中范围拓展和效率提升的具体途径。在"跨域通办"中可以形成一种授权型双边合作方式，即"受理地"的政府机构在一定程度上将收件权甚至初审权让渡给"收件地"的政府机构。授权型合作减轻或者免除了合作方的一些地方性管理成本，并有可能将合作范围超越毗邻扩展至更多的地方。王雪纯博士的论文从这一研究角度出发，对这类合作的因果机制进行了深入分析探讨，为优化地方政府机构之间的合作方式和改善政府的政务服务供给效能提供了理论支持。

　　王雪纯博士的研究具有扎实的实践基础。2020—2022年，她多次前往地方政务服务部门进行实地调研。在当地政府有关部门领导和有关同志的指导下，她了解和熟悉了地方政府政务服务部门的工作流程，学习了地方政府机构间合作的相关资料。在基于实践的研究中，她不断改进和提升自己进行实证性和理论性研究的能力，发表了一系列有质量的学术文章，并最终获得第四届重庆大学"费孝通勤学奖"公共管理优秀博士学位论文和清华大学优秀博士学位论文的荣誉。对此，我由衷地感到高兴。衷心期望她在学术领域的征途上不断取得进步，继续产出更多有价值的研究成果。

　　为了适应经济社会发展对政府的新要求，必须不断进行行政组织变革和行政方式的革新。在数字化和服务型政府的建设中，整体化政府就是一个重要的目标。为此，我们需要不断消除不利于改革的制度性和意识性障碍，不断寻求和形成新的行政组织结构和政府政务服务的供给方式，为建成人民满意的服务型政府而不断努力。

于　安

2024 年 10 月于清华园

序言二

推动实现包容性社会发展,是公共治理"善治"的题中之义。联合国 2030 年可持续发展目标中的第 16 项便强调,促进和平与包容社会的构建,确保司法公正,并建立有效负责的治理机构。这一背景下,政务服务"跨域通办"积极回应与日俱增的流动人口公共服务诉求,破解行政资源碎片化,促进供需精准对接,以跨域政务协同加速全国统一大市场建设,无疑是我国近年来实践包容性治理的一次创新尝试。王雪纯的博士学位论文便围绕这一带有鲜明时代烙印,但尚未引起系统性学理关注的深刻变革而展开。如今,这本论文即将以她学术生涯第一本专著的形式出版。作为她的合作者,我应邀为此书作序,由衷为她取得的成绩感到高兴。

近年来,在后新公共管理思潮的影响下,跨域政务协同成为财政紧缩背景下主要发达国家推动公共服务变革创新的主要路径。我国对跨域政务协同的探索可追溯至珠三角和长三角地区的政务服务"跨城通办""一网通办"改革。2020 年 9 月,随着国务院办公厅印发《关于加快推进政务服务"跨省通办"的指导意见》,跨域政务协同改革在全国范围内正式启动。通过国际比较,我国跨域政务协同突出体现三方面特点:第一,我国的改革融合"自下而上"的地方经验积累和"自上而下"的统筹规划协调,注重激发"国家队"和"地方军"的双重积极性;第二,我国的跨域政务协同建立在更加广阔的地理尺度上,为服务于长距离的人口流动和生产要素流通,城市间的政务协同往往要跨越数千公里;第三,与西方国家主要强调节约成本,实现规模经济的行政效率目标不同,我国的改革坚持"以人民为中心",致力于弥合地区间的公共服务鸿沟,助力构建公平、普惠和便捷的公共服务体系。

由于制度性交易成本的存在,地区间达成合作并实现高效协同往往困难重重。然而,从 2020 年改革正式启动,到 2022 年国务院办公厅发文将改革重点转向提质增效,一系列地方签约合作如雨后春笋般全面铺开,超过 5000 个"城市对"在短短两年时间内便完成了通办签约和事项清单梳理。如此大规模的跨域政务协同是如何发生的?城市间协同制度的形成机制是什么?跨域政务协同的扩容和升级又面临哪些挑战?本书敏锐地察觉到这些改革中的关键问题，并较早开展了系统的经验研究，将政务服务"跨域通办"置于纵向跨层级、横向跨地区和微观跨部门的层次性视野下，通过多方法的组织学分析，抽丝剥茧，为读者精彩地展现了地方政府的策略动机、行为模式以及意料之外的政策效果。无论是主题的时效性、场景的典型性，还是理论的纵深性，对于想要深入了解中国政府跨域协同机理的读者来说，本书都是不可多得的佳作，常读常新。

本书是一部"有心之作"。为获取扎实的一手研究素材，作者潜心扎根政府部门，作为改革亲历者，从"内部人"视角近距离观察改革的现实运作机制，历时 2 年，先后访谈 94 人次。在后续书稿撰写中，研究团队又将田野足迹扩展至 11 个省份的 18 个地级市，进一步完善了对改革的动态性分析，诚意十足。

本书是一部"有为之作"。作者并未满足于将西方跨域协同理论简单地套用在中国场景的验证性解释上，而是在中国特色的制度基础上，颇有新意地提出了"协同三阶段"的理论分析框架，遵循"为何协同""与谁协同"和"协同多深"的逻辑链条，在共性提炼和差异比较中形成了层次有序的机制性解释路径，为后续研究的拓展延伸提供了有益进路。

本书是一部"有成之作"。雪纯的博士论文在超过 1300 篇的全国候选论文中脱颖而出，获评第四届重庆大学"费孝通勤学奖"公共管理优秀博士学位论文。对于一篇博士论文，这一荣誉既是对其研究工作质量的高度认可，也饱含了对这项工作在未来产生长效影响上的殷切期望。

自 2021 年年初，雪纯便与我一同立足政务服务"跨域通办"改革并开展系列研究，至今仍能清晰地回忆起过往无数个学术争鸣的场景片段。幸得各位专家学者的支持与认可，研究团队的代表性成果相继见刊于《中国行政管理》和 *Public Management Review* 等国内外刊物。单个来看，这些研究各自反映了差异化空间尺度和时间节点上跨域政务协同的改革特质。系统来看，它们又与本书共同组成了对改革样貌的全景式呈现，多视角地揭示了跨域政务协同的一般性形成机理。

当前，我国国家治理正处于变革创新的关键期。跨域政务协同亦随之不断适应内外部环境变化，历久而弥新，这无疑为研究者的深耕细作提供了肥沃的土壤。此书作为雪纯以学术为志业的起点，不仅是对其过往研究心血的系统梳理，更是她迈向成熟而卓越学者之路的坚实基础。衷心期盼，她能在跨域政务协同领域扬帆奋楫，矢志前行，勇攀新峰！

范梓腾

2024 年 12 月于复旦大学

摘　要

　　中国政府于 2020 年 9 月正式推行政务服务"跨省通办、省内通办"改革。这是一项在深化政府职能转变、区域一体化发展和要素自由流动"三态叠加"背景下,破除由户籍辖地管理所致的政务服务碎片化供给的创新性举措。推进政务服务通办,主要任务在于打通地区间政务服务标准化壁垒、提高跨域协同效率,保障地区间政务服务受理流程权责分明。"城十市"间通过签订双边协议确定合作通办关系,签约后各自制定事项清单,并尽量规范统一受理流程和办理标准。线下通办强调收受分离,"收件地"和"受理地"需要明确双方在通办过程中的职责分工。"受理地"需要在一定程度上将收件权甚至初审权让渡给"收件地","收件地"安排专项行政资源给予收件和核查支撑。同时,通办合作无须解决负外部性问题,通办需求主要依赖于人口流动的方向和体量,因而选择合作伙伴时不受地理位置限制。政务服务通办中的府际合作形式独特且新颖,是极为少见的非毗邻授权型双边合作,因此尚未在学术界引起广泛重视。

　　任何政策改革都需要在实现政策目标和控制实施成本中寻求最优方案。其中,政务服务跨域通办改革的核心政策目标在于服务流动人口、解决异地"办事难"问题。具体而言,高质量的通办工作需要城市同时满足三个条件,即较广的通办范围、较合适的通办对象和较多的通办事项。从地方政府间合作的理论视角来看,即通办合作中的合作广度、合作联结和合作程度三者应当环环相扣,缺一不可。而改革的成本关键在于"点对点"合作中的交易成本,例如信息成本、谈判成本和执行成本等。具体而言,合作双方的财政供给、行政供给、关系供给、社会需求、区域需求和组织需求等都是影响交易成本的重要因素。且政务服务跨域通办合作的另一个独特之处在于,它被划分为三种成本不同的层面,即合作的广度、联结、程度。合作的广度和联结只需要对接、沟通、签约,属于"一次性"行政工作;而合作程度属于持续性行政工作,自起效之日起不会随意终止。决定跨域通办合作程度的执行成本取决于服务人群规模和服务事项数量,需要匹配人力资源、财政供给、行政供给和持续的政策注意力。

在降本与增效之间，跨域通办合作三个层面的样态开始割裂。通过调研，笔者发现，由于各城市在服务需求和供给能力等方面存在不同，地方政府的通办组织行为存在显著差异。一方面，一些城市的合作广度较高，合作伙伴较多；另一些城市的合作广度则相对较低，政务服务"朋友圈"较小。另一方面，有些通办"城市对"①中互相贡献的合作程度较深，其之间的可通办事项数量多；有些通办"城市对"中互相贡献的合作程度较浅，其之间的可通办事项数量少。笔者还发现，个别城市大力宣传其与多少个城市达成合作通办，却未能将通办事项数量落实到位。

鉴于此，本研究通过与以往地方政府间合作的有关文献进行对话，整合工具性逻辑和合法性逻辑，从供给侧和需求侧两个维度构建跨域政务合作的组织行为解释框架，聚焦中国长三角、珠三角及其毗邻省级行政区的 155 个地级行政区样本和 11935 个非定向"城市对"样本，试图创新性地从合作行为的三个层面——合作广度、合作联结和合作程度入手，全景式地展现中国政务服务跨域合作的组织行为样态和逻辑。

笔者通过定量分析，识别跨域政务合作三个层面的组织行为逻辑及其差异。研究发现，跨域政务合作广度的促成因素来自强烈的社会需求（流动人口规模）和组织需求（省内同侪压力）；合作联结的促成因素包括社会需求、区域需求（宏观合作关联）、组织需求和财政供给（财政富余度）；而合作程度的促成因素则主要受组织需求的影响。换言之，面对"解决流动人口异地办事难"这一核心政策目标，社会需求只对合作广度和合作联结起正向促进作用，对合作程度无明显作用。面对"服务两市间宏观合作"这一次要政策目标，区域需求只对合作联结起正向促进作用，对合作广度和合作程度均无明显作用。组织需求则对合作联结、合作广度和合作程度均存在显著的正向促进作用。定量分析显示，地方政府在合作的不同层面所遵循的组织行为逻辑不同。

在定量分析识别了合作三个层面的逻辑差异之后，本书进一步通过过程追踪揭示三层面之间的逻辑转换机制。研究发现，跨域政务合作在广度和联结层面存在较大宣传象征性和考核概率，倒逼城市在进行行为决策时关注社会需求。而合作程度直接影响执行成本，且受考核的概率较低。社会需求因素在合作广度和合作联结层面是动力（流动人口规模），而在合作

---

① "城市对"（dyad）由开通跨域通办服务的两个城市所构成。

程度层面转化为成本(跨域服务规模),因此不再正向推进合作程度。通过案例深描可知,自上而下的考核体系衍生出了"留痕"和"孔洞"业务。"留痕"是指下级政府向上级政府发射信号表明自己完成任务;"孔洞"是指上级政府为适度保护基层积极性,对政策执行中的某些环节略去不考。而地方政府会在上级考核盲区内基于成本效益分析作出理性选择,从而塑造了跨域政务合作在三个层面上的差异化行为逻辑——在规划签约数量和选择签约对象时,优先考虑社会需求;在决策事项数量时,置后考虑社会需求。因此导致本该环环相扣、紧密贴合的三个层面出现了短暂的割裂。如果这种割裂持续存在,且不能在深化改革时及时纠正,则可能导致通办改革面临流于形式的风险。

本书起笔于2021年年初,完成于2022年年末,是较早系统性考察我国政务服务"跨省通办、省内通办"样态和机制的实证研究之一,旨在识别城市在不同合作层面的动力和阻力,为纵深推进通办改革提供有益的政策启示,也为我国众多政务协同实践(如"高效办成一件事""一网通办"等)提供可对比的案例。本书创新提出的合作三层面模型、"需求侧—供给侧"整合式框架、非毗邻授权型合作模式及核心变量的测量方法均可有效补充府际合作研究。

关键词:跨域通办;地方政府间合作;合作广度;合作联结;合作程度

Abstract

In September 2020, the Chinese Government formally implemented the reform of "Delivering Government Services on a Cross-city Basis." This is an innovative action to break down the fragmentation of government services caused by the household registration system, in the context of the "triple overlap" refers to deepening the transformation of government functions, serving the new trend of integrated regional development and the free movement of factors of production. Under the reform, local governments are encouraged to collaborate with other localities to jointly deliver services for citizens and enterprises regardless of their registered locations. Joint service delivery is achieved by reaching bilateral agreements between two cities, which requires standardization of service procedures and mutual administrative power authorization. The distinction between receiving and accepting is underscored by the offline collaboration, and it is crucial that the "receiving place" and the "accepting place" explicitly define their respective authority roles in the collaboration process. To a certain extent, the "receiving place" must delegate the right of receipt and even the right of preliminary examination to the "receiving place." The "receiving place" must also arrange special administrative resources to assist with the receipt and verification. In the same vein, this type of inter-local collaboration does not necessitate the resolution of negative externalities. The demand for services is primarily determined by the direction and volume of population mobility, so the selection of collaborators is not limited by geographic location. The academic community has not yet given much attention to the unique and novel form of inter-local collaboration, which is an extremely rare form of non-adjacent delegated collaboration.

The optimal solution between achieving policy objectives and controlling implementation costs is essential for any policy reform. In this context, the primary policy objective of "Delivering Government Services on a Cross-city Basis" is to provide administration services in non-hometown cities and serve the migratory population. Specifically, cities must satisfy three conditions in order to implement high-quality reform: a broader scope of collaboration, more suitable collaborative partners, and more collaborative services. The theoretical perspective of inter-governmental collaboration proposes that the breadth, connection, and degree of collaboration be interconnected. The transaction costs of "peer-to-peer" collaboration, including information costs, negotiation costs, and implementation costs, are the costs of reform. In particular, the transaction costs are significantly influenced by the financial supply, administrative supply, personal relationship supply, social needs, regional needs and organizational needs of both partners. Additionally, this reform divides the collaboration into three levels, each of which pays distinct expenses. The breadth and connection of collaboration require only matching, communication, and contracting, which are administrative tasks that are completed once. From its inception, the degree of collaboration is an ongoing administrative task that does not conclude on a whim. The implementation costs of determining the degree of collaboration are contingent upon the size of the population served and the number of services provided. These factors must be matched with human resources, financial provision, administrative provision, and sustained policy attention.

The three levels of collaboration began to decouple due to the pressure to reduce costs and increase efficiency. Through field research, the author discovered that due to differences in service demand and supply capacity in each city, there are significant differences in the organizational behavior of local governments. Some cities exhibit a high degree of collaboration and a great number of partners, while others have a relatively low degree of collaboration and a smaller "circle of friends" for government services. Some city dyads offer a substantial number of service items, while others offer a limited number. The author also discovered that individual cities advertised the number of collaborators but did not implement the collaborative services.

This study observed a sample of 155 inter-local government services collaborations across 11 provinces in China, which are 11935 undirected dyads. This work, based on the literature on inter-local collaboration, constructs an integrated explanatory framework of "Needs-Supply" by incorporating two dimensions of influence, namely, instrumentality and legitimacy, and analyzes the formation logic of inter-local collaboration from three perspectives of collaborative decision-making: collaboration breadth, collaboration connection, and collaboration degree.

The quantitative analysis identifies the different motivational mechanisms behind the three perspectives of collaboration behavior. The factors that promote collaboration include social needs and organization needs; the promoting factors of collaboration connection include social needs, region needs, organization needs, and financial supply; the only factor promoting the degree of collaboration is organization needs. In light of the core policy target of "solving the difficulties for the migrants," social needs primarily foster the breadth and connection of collaboration, but they do not significantly influence the degree of collaboration. For the secondary policy target of "serving the macro-strategic cooperation between the two cities," region needs only play a positive role in promoting the collaboration connection but have no significant effect on the breadth and degree of collaboration. Organizational needs have a positive effect on collaboration breadth, connection, and degree.

The qualitative analysis reveals the underlying reasons for the different mechanisms behind the three perspectives. Both collaboration breadth and city dyads' collaborative connection have the symbolic meaning of publicity and a higher likelihood of being assessed, which forces cities to focus on instrumentality and legitimacy needs when making decisions. The degree of collaboration determines the implementation cost and has a lower likelihood of being assessed. The size of the migrants, which is both the social needs and the cost, doesn't play a positive propulsive role for the degree perspective. The "Mark" and "Hole" categories were generated by the superior assessment system. "Mark" denotes that the lower level of government sends signals to the higher level of government to indicate that it has completed its tasks. "Hole" denotes that the higher level of government, in order to protect the grass-roots level's incentives, omits to examine certain procedures in the policy implementation. The grassroots implementation system made rational cost decisions in the superior blind area, and then presented differentiated implementation of different levels of collaboration, considering the needs of the migrant population when selecting partners and determining collaboration quantity. When determining the quantity of government services, social needs are not a priority. This has resulted in a temporary fragmentation of the three dimensions, despite their supposed interlinkage and close interweaving. If this fragmentation continues without prompt correction, it could potentially lead to formalism.

Started in early 2021 and completed in late 2022, this book is one of the earlier empirical studies that systematically explore the complex mechanisms behind the practice of "Delivering Government Services on a Cross-city Basis" in China. Aiming at identifying the dynamics and difficulties of cities from different perspectives of collaboration, providing policy insights for the deepening of service collaboration, and providing comparable case studies for many public service collaboration practices in China. (e.g., "Efficiently Accomplish One Thing", "All-In-One Network Services" etc.) It also provides the three-perspectives model of collaboration, the "Needs - Supply" framework, the classic type of non-adjacent delegated collaboration, and the measurement of key variables that can effectively complement the study of inter-local collaboration.

Key words: "Delivering Government Services on a Cross-city Basis"; inter-local collaboration; collaboration breadth; collaboration connection; degree of collaboration

目　录

插 图 清 单

问 题

表 格 清 单

第1章 导 言

1.1 研 究 缘 起

近年来,我国的政府治理模式逐渐转型。从价值取向看,中央层面对服务型政府的定位和功能不断升级。2019年10月,党的十九届四中全会奠定了"建设人民满意的服务型政府"的核心基调。2022年6月,国务院正式印发《关于加强数字政府建设的指导意见》,提出要把满足人民对美好生活的向往作为数字政府建设的出发点和落脚点,打造泛在可及、智慧便捷、公平普惠的数字化服务体系,让百姓少跑腿、数据多跑路。

从工具取向看,党和国家所指导的各项改革对协同的运用不断精细化。2019年9月,中央全面深化改革委员会第十次会议强调"把着力点放到加强系统集成、协同高效上来,巩固和深化这些年来我们在解决体制性障碍、机制性梗阻、政策性创新方面取得的改革成果"。2020年9月,国务院办公厅出台《关于加快推进政务服务"跨省通办"的指导意见》(国办发〔2020〕35号)(以下简称《意见》),计划于2020年年底前实现第一批高频事项"跨省通办"①,2021年年底前基本实现高频事项"跨省通办"。2022年4月,中央全面深化改革委员会第二十五次会议强调"协同理念",要求"提升跨层级、跨地域、跨系统、跨部门、跨业务的协同管理和服务水平"。

在中国政府治理逐渐转向服务型和系统协同型模式的背景下,推动公共资源分配由按行政管辖边界配置向按实际服务人群配置转变,实现政务服务跨域通办,让群众和企业可以在非户籍地(非注册地)申请和办理政务服务,是打破行政壁垒、破除户籍制度分割、清除区域人才要素社会性流动障碍、加快政府职能转变的题中之意。

从地方政府的角度来看,政务服务通办(包含跨省通办、省内跨市通办)

---

① "跨省通办"中的"省"是指省级行政区,包括省、自治区、直辖市,后文中的"省内通办""省内同城""跨省""省际""省份"等说法,如无特殊说明,均为此意。

因其授权性、非外部性和非地理毗邻性，超越了常规的中国区域间协同和双边合作，是一个非毗邻授权型合作的过程（杨龙、彭彦强，2009；彭彦强，2013）。推进政务服务通办，主要任务在于打通地区间政务服务标准化壁垒、提高跨域协同效率，保障地区间政务服务受理流程权责分明。城市间通过签订双边协议确定合作通办关系，签约后各自制定事项清单，并尽量规范统一受理流程和办理标准。线下通办强调收受分离，"收件地"和"受理地"需要明确双方在"异地可办"中的职责分工。"受理地"需要在一定程度上将收件权甚至初审权让渡给"收件地"，"收件地"安排专项行政资源给予收件和核查支撑。为此，政务服务通办是我国极为少见的地方政府间非毗邻授权型双边合作。

逐步扩大政务服务"跨省通办、省内通办"所覆盖的地域范围和事项范围，是建设人民满意的服务型政府的重要内容。《意见》出台后，2021年年初，时任国务院总理李克强在向十三届全国人大四次会议作政府报告时提出阶段性目标"企业和群众经常办理的事项，今年要基本实现'跨省通办'"；2022年《政府工作报告》再次要求扩大"跨省通办"的事项和空间范围。因此，2021年年底是推行政务服务通办的重要时间节点，亟须对通办工作的落实和探索情况进行梳理和评估，系统总结其阶段性经验，为高质量推进后续工作提供参考借鉴。那么，各地政务服务通办的执行效果如何？从通办合作关系的角度来看，截至2021年12月31日，全国333个地级市、地区、自治州和盟（后文统称"地级行政区"）中通过签订服务事项"异地可办"合作协议共形成2378对双边合作关系，地市级别城市的通办达成率为4.3%（范梓腾、王雪纯，2023）。

从通办合作事项的角度来看，同样截至2021年年底，以曾在全国政务服务能力评估中获得三连冠的广东省为例，其省内城市间可通办事项数量的平均值为41项（图1.1展示了城市个体情况）。这一数字并不惊艳，因为我国地市级政务服务事项约为4000项。

高质量的通办工作需要城市同时满足三个条件，即较广的通办广度（范围）、较合适的通办对象和较多的通办事项（见图1.2）。从地方政府间合作的理论视角来看，通办合作中的合作广度（范围）、合作联结（对象）和合作程度（事项数量）三者应当环环相扣，缺一不可。然而，种种现实情况却揭示了在通办工作中广度、联结和程度间的割裂。笔者通过调研发现，由于各地级城市在服务需求和供给能力等方面存在不同，地方政府的合作通办行为存在显著差异。一方面，一些城市的合作广度较高，合作伙伴较多；另一些城

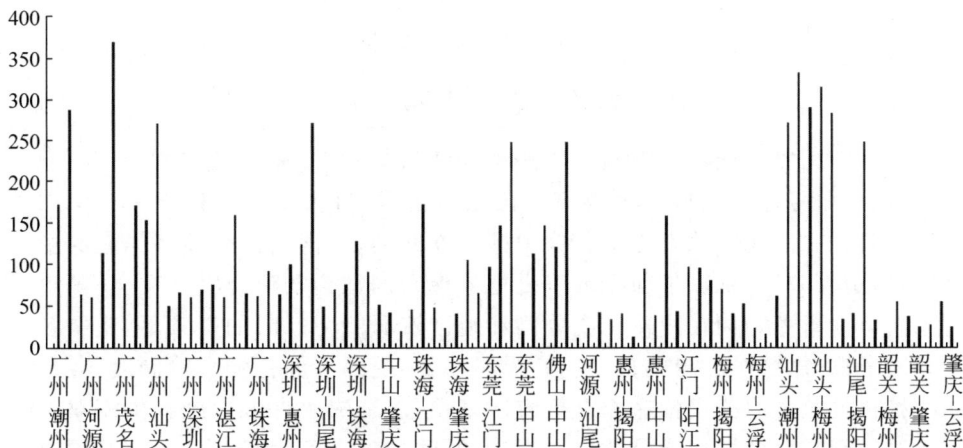

图 1.1　广东省内城市合作通办事项数量

注：横坐标仅标记部分"城市对"，数据截止日期为 2021 年 12 月 31 日。

市的合作广度则相对较低，政务服务的"朋友圈"较小。另一方面，有些通办"城市对"中互相贡献的合作程度较深，其之间的可通办事项数量多；有些通办"城市对"中互相贡献的合作程度较浅，其之间的可通办事项数量少。笔者还发现，个别城市大力宣传其与多少个城市达成合作通办，却未能将通办事项数量落实到位（范梓腾、王雪纯，2022）。

在政务服务通办中，城市间签约合作的多个层面到底呈现怎样的行为样态？影响通办广度、通办对象匹配和通办事项数量的行为逻辑有哪些？这三者的动力因素及机制是否有差异？为何会有差异？换言之，拥有何种特征的城市会在构建政务服务"朋友圈"中表现出更高的合作广度？它们又遵循怎样的逻辑确定合作联结和贡献合作程度？非毗邻合作与经典的毗邻型合作有何不同？授权型合作与传统非授权型合作的区别是什么？

图 1.2　政务服务通办工作的核心推进点

因此，本书展开讨论所针对的核心的问题是：本应遵循相同组织行为逻辑的合作的三个层面为何实则不同？

回答上述问题有助于我们更深入地了解政务服务通办中地方政府行为的动机和机制，从广度、联结、程度三个层面全景式地呈现多重逻辑下的跨域政务合作，对中国情景下的地方政府间合作理论作出一点补充和贡献。

1.2　制度背景

　　一个国家的长治久安与公共服务质量直接相关（蓝志勇，2020）。在中国，政务服务作为直接连通政府与民众的桥梁，过去却始终处于一个单向的、封闭的、固化的状态之中。新中国成立初期，中国受计划经济体制的影响，构造大政府，依靠事前行政审批把控庞杂的社会政治、经济、文化、民生等各方面事务。而在户籍制度分割和地区资源能力有限的背景下，我国各地政务服务始终以"自给自足"为主要模式。受困于僵化的户籍制度，各地市提供的政务服务仍依靠原有行政区划设置，造成了许多因服务供需双方无法实现物理联结而导致的成本损失（时间损失、劳动力损失、行政资源浪费等）。人户分离人口通常需要回到户籍所在地才可以办理相关事项，如结婚登记、车辆证照登记和执业资格证注册等民生日常所需。

　　2001年开始，新中国进入转型期的"三化叠加"模式，分别是经济体制市场化发展、公民社会城镇化流动和公众参与网络化构成（孟天广，2021）。中央认识到部分行政审批已经成为发展生产力和保障民生的体制性障碍，因而试水行政审批改革。极力撤销、简化和调整诸多审批事项，意在通过去中心化提高组织运行效率、增强人民群众的幸福感和优化营商环境。从2001年高层联合发文《关于行政审批制度改革工作的实施意见》起，截至2020年，以国务院及国务院办公厅名义共下发了4份行政审批改革指导文件[①]，累计取消2647项行政审批事项。虽然数字喜人，但从改革本质来看，各地各有关部门只是依靠重新梳理事项目录、流程，缩短政务服务地理距离来完成改革要求，并未真正改变组织形态和决策者的思维模式（蓝志勇，2020；谭海波，2018），也未直接提升公众的经验性感受（骆梅英，2013）。没有权力的变化或重组，并不属于有深度的行政改革（蓝志勇，2020）。

　　2012年，我国城镇化率高达52.57％，与世界平均水平大体相当。2019年，城镇化率提高到60.60％，城镇人口在20年里增长4亿有余。城镇数量和规模不断扩大，城市群体量与形态日益明显。京津冀、长江三角洲、珠江三角洲三大城市群成为拉动我国经济快速增长和参与国际经济合作与竞

---

　　① 这4份文件分别是《国务院批转关于行政审批制度改革工作实施意见的通知》（国发〔2001〕33号）、《关于对建立与社会主义市场经济体制相适应的审批制度进行课题研究的实施方案》、《关于进一步推进省级政府行政审批制度改革的意见》（国办发〔2003〕84）、《关于深入推进行政审批制度改革意见的通知》（国办发〔2008〕115号）。

争的主要平台。热闹的城镇化将大量农业人口迁入城市,问题也随之浮现——流动人口难以真正融入城市社会,市民化进程滞后。被纳入城镇人口统计的 2 亿多农民工及其随迁家属,未能在教育、就业、医疗、养老、保障性住房等方面平等享受城镇居民的基本公共服务。城镇内部出现新的二元结构矛盾,相关体制机制的不健全阻碍了城镇化自身的健康发展,还制约了扩大内需和结构升级等核心目标的实现,并带来一定的社会风险隐患。现行户籍管理、土地管理、社会保障、财税金融、行政管理等制度,在一定程度上固化了已经形成的城乡利益失衡格局,制约了农业转移人口市民化和城乡发展一体化。[①] 这其中,依靠传统行政区划分供给的政务服务是一种碎片化的服务供给模式,导致行政资源错配,已经不能满足高度城镇化和区域一体化下中国流动人口的生产生活日常所需,偏离"以人民为中心"的服务理念。此时的中国恰好受到全球范围内整体政府和服务型政府的理念指引,期待并规划在不取消基本管制的前提下,基于公民本位和社会本位的原则,构建"小政府,大服务"的新体制格局(刘熙瑞,2002;Wong,2009)。

2019 年《政府工作报告》首次指出"加快实现一网通办、异地可办"。2020 年 9 月,国务院办公厅出台《意见》,分批次列出了共 140 项政务服务高频事项,同时鼓励各地区针对这 140 项以外的政务服务进行"跨省通办、省内通办"的先行探索。清单内事项主要由各部委联合各省级有关部门自上而下推行,而由于各地事项标准不一,难以全部交由部委统筹,清单范围之外的探索则交由各地方政府自由裁量。同时鼓励各地区针对规定任务以外的政务服务事项进行"跨省通办、省内通办"的先行探索。

2021 年年初,时任国务院总理李克强提出阶段性目标"企业和群众经常办理的事项,今年要基本实现'跨省通办'"。2022 年《政府工作报告》再次要求扩大"跨省通办"的事项和空间范围。2022 年 10 月,国务院办公厅印发关于跨域通办《意见》的后续跟进文件,即《关于扩大政务服务"跨省通办"范围进一步提升服务效能的意见》(国办〔2022〕34 号),指出自全国范围内政务服务跨域通办改革探索 2 年来,从整体层面来看,"群众异地办事越来越便捷",但业务细节中同时存在"合作流于形式、企业和群众获得感不强等问题"。这一问题正是本研究的核心关注点。

---

① 国务院关于城镇化建设工作情况的报告——2013 年 6 月 26 日在第十二届全国人民代表大会常务委员会第三次会议上[EB/OL]. [2013-06-27]. http://www.npc.gov.cn/zgrdw/npc/zxbg/czhjsgzqk/2013-06/27/content_1798667.htm.

需要说明，不论是上述顶层设计文件，还是各省级政府为落实国办精神而发布的省级政务服务"跨省通办、省内通办"政策文件，都未对地级行政区的合作广度、合作联结和合作程度作出直接要求。个别省级文件仅仅鼓励城市因地制宜，可与人口重点流入流出省份、"兄弟省份"、对口支援省份、经济发达地区等实现通办，但未点名具体通办城市对象，也没有对合作广度和合作程度的定性或定量要求。由此可见，地级行政区政府在通办落实中拥有较大的自由裁量权。

政务服务"跨省通办、省内通办"制度是一场前所未有的地方政府间合作改革。2020年第七次全国人口普查数据显示，中国人户分离人口达4.9亿，其中流动人口达2亿。这表明，打破既有户籍制度和行政区划的限制，推动政务服务通办已成为畅通国民经济循环、促进各类要素自由流动、建设服务型政府的题中之意，是一项"小切口、大成效"的重要举措，旨在更深层次上提升国家治理体系和治理能力现代化水平。

如何为劳动力要素自由流动扫清公共服务碎片化障碍？如何建立一个更有弹性的公共服务供应体系？通过非毗邻授权型合作持续提供公共服务的方式是否可以为全球所借鉴？中国的跨域政务合作改革作出了积极示范。

1.3 问题与意义

作为一种重要的政府组织行为，地方政府间的合作受到广泛关注。相关研究文献逐渐增多，展开了学理分析和实证探索。在中国情境下，政策领域覆盖区域发展（如粤港澳大湾区建设）、经贸交流（如青海—香港经贸交流合作）、环境治理（如京津冀大气污染防治）、对口支援（如汶川地震后的灾后恢复重建）等，增进了我们对中国特色制度中地方政府间合作的模态、演变以及动力机制的理解。虽然如此，上述研究积累仍留有若干尚待回答的关键问题：

第一，对于政务服务通办这类典型的非毗邻授权型双边合作，我们该如何从经典的"需求—供给"的两重维度理解其驱动逻辑？ 按照合作的权威性程度，地方政府合作机制一般包括：（1）嵌入性网络关系，通过灵活的非正式网络进行政府间协调；（2）合同/协议，通过具有约束力的正式合同明确合作主体间的行为规则；（3）授权型合作，合作关系中的一方把部分权力授予另一方，得到授权的一方可在授权范围内直接行事，授权方则继续持有授权范围以外的权力（Feiock,2013）。总体来看,国内实践及学术界所关注的区域经贸发展、环境治理和对口支援类的政府间合作普遍以嵌入性网络关系和合同/协议为主要模式,即非授权型合作。例如通过领导小组制度统筹推进,通过联席会议制度强化交流,通过共建交易平台联通市场或规划分工基建并各自履约等,种种合作方式均不涉及权力的授予和变更（周志忍、蒋敏娟,2013;邢华,2014）。同时,这些合同/协议性质的合作,还常常是基于邻近性和外部性原则所构成的毗邻合作。例如,环境治理合作中的环太湖流域湖长协作框架、经济贸易合作中的川渝经济区自由贸易园区、应急管理合作中的青海西藏应急联动战略合作等,都需要借助地理位置上的联动才得以解决困境。

这里摘取部分典型的非授权型合作协议文本,以帮助读者更好地理解。如《京津冀及周边地区 2019—2020 年秋冬季大气污染综合治理攻坚行动方案》中要求"各地要结合本地产业特征,针对特色企业集群,进一步梳理产业发展定位,确定发展规模及结构""各省（市）统一'散乱污'企业认定标准和整治要求。各城市要根据产业政策、产业布局规划","各地要因地制宜,根据本地货物运输特征,大力发展多式联运"。如《长江三角洲区域一体化发展规划纲要》(2019)中要求"强化分工合作、错位发展,提升区域发展整体水平和效率","引导长三角市场联动发展,推动跨地域跨行业商品市场互联互通、资源共享,统筹规划商品流通基础设施布局","统一规划建设都市圈内路、水、电、气、邮、信息等基础设施","推动杭州都市圈与宁波都市圈的紧密对接和分工合作","编制实施长三角民航协同发展战略规划,构建分工明确、功能齐全、联通顺畅的机场体系"。如青海、西藏签署的《应急联动战略合作协议》(2021),主要任务包括"加大优势互补,加强沟通协作,提升区域协同响应和救援能力"。以上合作协议的主要任务和目标均以"分工合作、加强沟通"为主要机制,不涉及任何权力的授予与转移。

政务服务通办的典型性在于,它并非传统的协议合作和毗邻合作,而是一种非毗邻城市间的授权型合作。通办需要合作双方将政务服务材料收件权授予对方,同时保证权责分明。通办不需要解决任何类似于空气污染和产业链搭建的外部性问题,无须基于地理位置,而是完全依赖人口流动的方向和体量,或异地经营的企业需求。比如,很多河南人前往广东工作,很多东北地区的人前往海南定居,这种流向早已突破地理毗邻的限制。这类授权型合作机制在我国地方治理实践中占据着重要位置（杨龙、彭彦强,2009）,但并未获得同等分量的关注。

政务服务通办是一项面向社会大众的改革服务，这场改革中存在两种角色，一是服务需求方，即异地生活经营的群众和企业；二是服务提供方，即地方政府。想要完整地理解政务服务通办，就必须从需求侧和供给侧两个面向探索。通过"需求—供给"两重面向揭示这种非毗邻授权型合作形成的机理逻辑，不仅可以增加我们对政务服务通办这一重要政策创新的理解，还有助于丰富研究者对中国场景下多元合作机制的认识。

第二，在地方政府的不同合作层面——合作广度、合作联结和合作程度，其组织行为逻辑是否存在差异？ 传统的地方政府间合作受限于规模小和地理毗邻的条件，其合作广度和合作联结的自由裁量度都较小。而且合作常常以信息沟通、决策协调为主，难以测量合作程度的深浅。在这种数据受限的情况下，众多地方政府间合作研究侧重于对政府间合作的模态结构展开静态的描述性刻画，而对形成机理的动态解释性分析尚不充分。尤其忽略了在统一框架下对不同合作维度进行全面的、比较的分析。学界长期将合作的广度、联结和程度视为合作达成后的同质化因素，只独立检验其中某一项的原因逻辑和形成机制，少有讨论三者间的差异和差异化原因。

从学术研究的角度看，通办合作是众多地方政府间合作中一个得天独厚的案例。在政务服务通办合作中，合作广度、联结和程度对于通办成效同样重要，互相牵制，缺一不可，却呈现了差异化效果。只有同时检验三个层面的动力因素和差异性，才可以全面立体地刻画合作情况。本研究可以在通办这一个合作类型里同时测量合作广度、联结和程度，并且是基于全国范围大规模地推开，可以较为稳健地挖掘这三者之间的差异。即探索地方政府间合作三个层面——合作广度、合作联结和合作程度的动力因素是否不同？有何不同？为何不同？

政务服务通办是中国政府治理模式转型的新鲜产物，是中央尝试以跨域授权的形式打破既有行政区域壁垒和辖地管理的一次重要尝试，更是各级政府通过尝试跨区域合作以达成系统化改革的一种经验性积累。对政务服务通办的研究是对非毗邻授权型合作的全新诠释，更是对未来更广泛更深入的非毗邻、非外部性府际合作的开拓奠基。

从时效性的角度来看，最早开通"跨域通办"的案例发生在 2017 年①，虽然初始是以"区区跨域"的方式结对，但授权型跨域合作的理念已初显。

---

①　佛山在线. 好消息！顺德番禺实现 47 个政务服务事项跨城通办[EB/OL]. [2017-08-18]. http://www.fsonline.com.cn/p/207953.html.

2020 年 9 月,《意见》将"跨省通办、省内通办"推向高潮。按照中央预期,2021 年年底理应阶段性完成通办改革。本研究站在了这一历史进程的重要时间节点,具有较强的时效性,对未来政务服务各层级地方政府间合作领域的理论发展和实践探索均有长远的重要意义。

1.4 概 念 界 定

1.4.1 地方政府间合作

首先定义"合作"。英文文献对"collaboration""cooperation"和"coordination"有明确的概念区分,但学者在论述时常将其概述为"collaboration"(in general)(Agranoff & McGuire,2003;McGuire & Silvia,2010)。中文文献中的"合作""协作"和"协同"也有不同指向,但常被统称为"合作"(广义)。其中,"collaboration"倾向于表示自愿参与一项合作,以帮助自己和其他组织共同实现一个相同的目标和愿景;"cooperation"是指双方角色平等,共同参与实施,但合作的愿景可能是各取所需、互不相同;"coordination"表达的是一种行为和态度,也表达共同商议确定共同目标的过程(Castañer & Oliveira,2020;Nylén,2007)。中文语境下,"合作"更倾向于表示参与者地位平等,像签署合同一样利益交换、各取所需,期望达到的目标和愿景也不是唯一的,而有可能是不同的;"协作"偏向工具性支撑,参与者的角色有主次之分,但会为一个共同的愿景一起努力;"协同"更多强调广泛参与和讨论协商的行为和过程(张康之,2013;李婷婷,2018)。很多研究使用"协作""合作"和"协同"表征合作强度的由强至弱,因为这三者的另一个核心区别是伙伴间的交互程度(MacIndoe,2013)。比如 Fery 等(2006)认为"协作"是指伙伴们属于一个政策执行体系,基于高信任度而频繁交流,甚至共同参与所有决策,"合作"是指伙伴间相互提供信息但各自独立决策,而"协同"是指伙伴间频繁分享信息并共享内部决策情况。

本研究倾向于使用"合作"的概念,一方面是由于"合作"是一种更广义的概述性的表述;另一方面也是由于政务服务"跨省通办、省内通办"中的合作伙伴双方仅仅授予对方收件权,仍保持自身决策的独立性,且各自的合作服务人群不重叠,这更倾向于"合作"内涵,而非"协作"和"协同"。

从"合作"推开来讲,地方政府间合作(后文简称府际合作)是指两个或两个以上的政府集体行动以获取在更大范围内提供服务或产生收益（Feiock,2007）。其类型包括非正式网络、合同/协议、授权合作等（Feiock,2013）。

1.4.2　政务服务通办

2019年公布的《国务院关于在线政务服务的若干规定》（国务院令 第716号），定义政务服务事项"包括行政权力事项和公共服务事项"。政务服务可以概括政府向公民和企业提供的各类服务，也包括公共服务提供过程中所涉及的政务程序（马亮,2021）。

根据《意见》，政务服务"跨省通办、省内通办"是通过"充分运用大数据、人工智能、区块链等新技术手段，优化再造业务流程，强化业务协同，打破地域阻隔和部门壁垒，促进条块联通和上下联动"，而实现"企业和群众异地办事'马上办、网上办、就近办、一地办'"，并"鼓励区域'跨省通办'先行探索和'省内通办'拓展深化"。

从概念上讲，"跨省通办"和"省内通办"的实施层级可以是部委、省级、地市级和县（区）级。其区别在于，"跨省通办"是指政务服务事项通办所跨的行政边界超越了省际，而"省内通办"所跨的行政边界未超越省际。为避免赘述，本书将政务服务"跨省通办、省内通办"统称为政务服务跨域通办。

另外，《意见》指出了通办的三种实现形式——"全程网办""异地可办"和"多地联办"。其中，"全程网办"并非真正意义上的跨域通办，因为网办不存在行政边界的壁垒，也就不存在"跨"的属性。"多地联办"需要三方及三方以上的行政机构联合通办，事项数量较少，尚处于探索阶段。**本研究基于地级行政区级别，关注通办中最主要落实也是唯一具有双边合作意义的"异地可办"途径。**

近年来，各式政务服务改革百花齐放，概念繁多。在这里为读者做简要的概念辨析，以求更清晰地展现"跨域通办"的独特之处：

（1）一门进驻，是指集合跨部门线下业务于一个大厅。

（2）一窗受理，是指集成跨部门线下业务于一个窗口。

（3）一网通办，是指集成跨部门线上业务于一个在线平台。

（4）跨域通办，是指集合跨行政区划的线上、线下业务。

最后，需要说明，虽然政务服务"跨省通办、省内通办"在中央层面和地方层面都被置于数字政府建设议题中推动，但就本研究所关注的核心通办路径——线下"异地可办"而言，政务服务通办改革并不涉及数字化或信息

化技术运用。两地窗口人员可以通过电话、视频或其他通信方式沟通交流
办件材料是否合规合法；收件过程中有时会用到扫描仪器；个别政务服务
大厅会先使用线上系统传递无纸化材料然后再将纸质版寄出，这些简单的
互联网通信工具可以提高通办效率，但并不属于新型数字化技术。个别数
字化技术在"异地可办"中不具有任何不可替代性。因而，本研究并不关注
数字政府相关理论和实践，而是基于府际合作理论，关注全维度合作行为。

1.4.3　异地可办授权

对于法律法规明确要求必须到现场办理的政务服务事项，推行"收受分
离"政务服务新模式。根据授权实行异地收件、原件核验、结果转送等。"收
件地"要按照办事指南等相关标准统一收件、形式审查、核对材料原件、确保
意思真实。"受理地"受理事项申请，办理业务，办理结果实现邮递送达。

其中，"受理地"为群众户籍所在地（企业注册所在地），为授权方；"收
件地"为群众（企业）就近申请业务地，为被授权方。由"受理地"授予"收件
地"收件权。①

在政务服务跨域通办的多种实现途径中，"异地可办"具有重要与特殊
的意义。第一，一些法律规定必须本人到现场办理的事项（例如：交通领域
所有业务）必须通过线下"异地可办"达成。第二，一些无法统一规则标准支
撑共享的事项，无法设计出合适的"全程网办"流程，只能通过"异地可办"模
式实现。第三，"全程网办"并未完全实现，一些办理中的关键节点还是需要
现场采集和核验才能办理。第四，政务服务工作承担着填补数字时代鸿沟
的重任，维持着老弱残等弱势公民群体对政府办事机构的依赖和信任。
2022 年 10 月，国务院办公厅《关于扩大政务服务"跨省通办"范围进一步提
升服务效能的意见》专门指出了"优化'跨省通办'线下服务……确保线上能
办的线下也能办"，再次说明线下"异地可办"的宝贵意义。

1.4.4　合作广度、合作联结、合作程度

合作广度（collaboration breadth）是指在多大程度上可以和更多的地

---

① 该概念界定源于各省级政务服务通办通知文件，主要有《江西省人民政府办公厅关于印发
加快推进政务服务"跨省通办""省内通办"工作方案的通知》《浙江省人民政府办公厅关于加快推进
政务服务"跨省通办""全省通办"工作的实施意见》《安徽省人民政府办公厅关于印发安徽省加快推
进政务服务"跨省通办"工作方案的通知》《湖南省人民政府办公厅关于印发湖南省加快推进政务服
务"跨省通办"实施方案的通知》。

方展开合作，常用合作伙伴的数量规模表征（Andrews et al.，2020；Jung & Jeong，2013），也可用合作伙伴的类型范围表征（Chapman et al.，2018；Kobarg，2019）。

合作联结（dyadic collaboration/collaboration connection）是指地方政府成对达成的合作联结关系，也指双边关系中的互相选择（李响、陈斌，2020）。对应本书的跨域通办双边合作研究，尽管在合作早期，会有一方城市主动邀约或探索合作的可能性，但经过沟通和协调，最终达成的跨域通办合作机制都是双方平等、互相授权的。这种授权型合作机制，不存在某一方单独向另一方授权却得不到对方回应的情况，所有的跨域通办合作协议都注明双方均须向对方授权。基于此，本研究关注的合作联结是一种达成或未达成合作后的呈现状态，是一种非定向的配对关系。

合作程度（广义）是对合作强度（collaboration intensity）、合作深度（collaboration depth）和合作程度（degree/level of collaboration）的统称。既有文献对这几种合作程度的定义和测量均有不同。其中，合作强度更倾向于通过质性材料和问卷量表判断合作伙伴间的交互频率和程度，例如基于合作机制、沟通频率、信息交换程度、融合决策程度等将合作强度分为合作、协同、协作三个等级（Park et al.，2019；Kalesnikaite & Neshkova，2021；Nylén，2007；Sedgwick，2016）。合作深度有时等同于合作强度，有时表征合作中伙伴贡献的资源程度，例如合作项目中一方的财政支出等（Krueger，2005）。合作程度（狭义）的测量方式较多，可以类似于合作强度和深度，用质性材料对机制分等级，也可以使用共享服务的数量、协议的数量、财政支出金额等客观数据表征（Chen & Thurmaier，2009；McGuire & Silvia，2010；Shrestha & Feiock，2011；马捷等，2014）。

总的来说，合作程度是一个一般性意义上的概念，当我们在描述合作强度和深度时，可以将其都视为合作程度；反之，亦然。

1.5　研究设计

本研究主要遵循演绎法和后实证主义范式，使用整合式混合研究中的定量-定性有序方法。首先通过地方政府间合作的理论文献，并基于田野，从中选取与通办相适配的要素，推演和构建解释框架和假设条件，然后使用定量模型检验不同维度假设条件的真伪及解释程度。最后使用过程追踪法进行案例分析，串联前期三层面（合作广度、合作联结和合作程度）的量化研究,展示合作全流程,补充定量研究所不可达的因果环节。

基于既有地方政府间合作的文献,尤其是合作提供公共服务的研究。本研究首先总结既有研究展现的通识结果,挖掘其无法覆盖和解释的中国政务服务通办实践中的理论不足点,从工具性角度和合法性角度推演建构符合政务服务通办实际的“需求侧—供给侧”动力因素框架。在合作行为三层面的文献基础上,结合笔者 4 个月参与式观察的发现,确定对合作广度、合作联结和合作程度的假设与考量。

为了验证和探索上述理论框架和假设,本研究运用混合式研究方法进行实证分析。对于合作广度层面,以 155 个城市个体的合作广度为被解释变量,使用普通最小二乘法(ordinary least squares,OLS)回归模型检验“需求侧—供给侧”中各解释变量的影响作用。对于合作联结层面,以 11935 个无向二元“城市对”(dyad)的联结与否为被解释变量,采用基于配对(dyadic)视角的无向配对 Logit 模型识别“需求侧—供给侧”中各解释变量对“城市对”中联结可能性的影响作用。对于合作程度层面,以“城市对”中双方各自贡献的合作程度之和为被解释变量,采用基于配对视角的无向配对零膨胀负二项(zero-inflated negative binomial,ZINB)模型识别“需求侧—供给侧”中各解释变量对其合作程度的影响作用。受限于数据可得性,这一层面的研究仅仅覆盖广东省内地市间组成的 210 个无向二元“城市对”。

为了更生动地刻画政务服务跨域通办流程及机制,本研究依照“最有代表性”原则,选取广州市及其通办伙伴城市为定性研究的案例分析样本,追踪决策全过程,深入剖析合作三个层面背后动力机制差异化的根本原因。

需要说明,本研究在第 5、6、7 章中分别选用三组被解释变量描述跨域通办中的地方间政府合作,这是由于这三组被解释变量(广度、联结和深度)有着既相关又割裂的关系。正如前文图 1.2 所示,高质量的通办工作需要城市同时满足较广的通办范围、较合适的通办对象和较多的通办事项三个条件。理想状态下,合作广度、合作联结和合作程度三者环环相扣、缺一不可,种种现实情况却展现了通办工作中广度、对象和事项数量间的割裂。因此,有必要通过多维度全方位地测量、展示和验证合作情况。而第 8 章质性分析部分正是解释其既相关又割裂的深层原因。

1.6 本 书 结 构

本书包含 9 章内容。第 1 章为导言，介绍研究缘起、制度背景和研究问题，对重要概念进行厘清和界定，概述整体研究思路。

第 2 章是文献综述，回顾地方政府间合作（inter-local collaboration/cooperation）的相关文献。地方政府间合作可以帮助解决公共服务的碎片化供给问题，产生多元化的潜在收益，近年来在世界范围内日益受欢迎。虽然如此，政府间合作是一个复杂的、动态的、多层级互动的综合系统，并不总是能轻易达成和实现预期效果。首先，多数研究揭示了地方政府为何选择合作和在何种条件情境下会倾向于合作，少数研究探索了地方政府选择伙伴因而实现合作联结的主要因素，极个别的研究涉及合作的广度、深度、强度或更广义的合作程度。现有研究囿于客观限制，从未将合作广度、合作联结和合作程度三个层次结合于一体框架，并探究各层次动力机制的异同。其次，中国地方政府间合作研究长期关注地理毗邻合作（如区域一体化、经贸区共建、环境污染治理等），极少探索非毗邻跨域城市间的授权型合作。既有合作研究对政务服务通办这一特殊合作形式的解释不足，激发和推进笔者之后的研究。

第 3 章是理论建构。首先，建构起地方政府间合作的动力框架："合作广度"体现城市个体的合作"朋友圈"覆盖范围；"合作联结"体现"城市对"中合作伙伴的选择；"合作程度"体现"城市对"中两城市互相贡献的合作深度。其次，对话制度性集体行动框架和新制度主义，从工具性维度和合法性维度共同构建"需求侧—供给侧"解释框架。"需求侧"包含：(1)社会需求，流动人口规模；(2)区域需求，宏观合作关联；(3)组织需求，省内同侪压力。"供给侧"包含：(1)财政供给，财政富余度；(2)行政供给，城市行政级别；(3)关系供给，官员异地任职关联。另有相关控制变量。综合上述，笔者在这一章中共提出了 18 个待检验的假设。

第 4 章为研究设计。首先，介绍整合式混合研究方法在公共管理研究中的广泛运用和主要运用形式。其次，探讨混合研究方法与本研究的适配性，并介绍本研究的混合式策略。再次，详细描述本研究的研究对象选取原因和原创数据库——城市政务服务通办数据库。最后，分别介绍定量和定性两条研究路径。

第 5、6、7 章是定量研究，这三章的被解释变量分别是合作广度、合作联结和合作程度。每一章分别介绍相应层面研究的文献综述、假设提出、模型选择、变量测量、实证结果与分析、稳健性检验与小结。

第 5 章是对合作广度的探究。样本量为中国长三角、珠三角及与其毗邻的共 11 个省份内 155 个城市个体。定量模型选用 OLS 回归模型。回归发现，合作广度的促进因素包括社会需求和组织需求。模型结果通过三组稳健性检验，分别是排除因果倒置、异质性分析和排除竞争性解释。

第 6 章是对合作联结的探究。样本量为长三角、珠三角及与其毗邻的共 11 个省/自治区内 155 个城市所组成的 11935 个无向二元"城市对"。定量模型选用无向配对 Logit 模型。研究发现，合作联结的促进因素包括社会需求、区域需求、组织需求和财政供给。模型结果通过三组稳健性检验，分别是排除因果倒置、异质性分析和排除竞争性解释。

第 7 章是对合作程度的研究。受限于数据的客观可得性，样本量缩小为广东省内 21 个地市间组成的 210 个无向二元"城市对"，只解释省内合作的合作程度。基于特殊的数据结构，定量模型选用无向配对零膨胀负二项（ZINB）模型。这一章详细解释了选择广东省作为样本和选择 ZINB 作为检验模型的原因。由回归结果发现，合作程度的促进因素只有组织需求。模型结果通过三组稳健性检验，分别是排除因果倒置、核查遗漏变量和异质性分析。

第 8 章采取过程追踪定性分析方法，依照"最有代表性"的原则选取广州市为核心案例样本，并描述广州市及其通办合作城市的合作签约全流程。案例材料源于笔者在广东省 4 个月的参与式观察，以及对广州市在内的 9 省份 18 地市政务服务一线工作人员的 94 人次访谈，访谈时间跨度为 2 年。这一章详细介绍了广州市政务服务通办改革的案例背景和执行情况，指出了合作广度、合作联结和合作程度之间，尤其是后两者之间鲜明的分界线，展示了社会需求、区域需求、组织需求和财政供给对合作各阶段的推动作用，并探究了合作三个层面背后动力机制差异化的根本原因，阐述了"形式主义"与"实际执行"间的割裂是由于上级考核体系衍生了"留痕"业务和"孔洞"业务，基层执行体系在上级盲区内作出成本理性选择。

第 9 章是对研究进行总结和讨论。将定量研究部分和定性研究部分相结合，在基本结论的基础上延伸，并提出针对我国政务服务"跨省通办、省内通办"继续推进推广的政策建议。最后讨论研究可能的贡献及局限，并指出未来研究的方向和计划。

第 2 章　文 献 综 述

国际范围内,府际合作研究可按照关注点划分为四类。第一类是合作决策研究,关注行为决策的动力,主要运用集体行动理论、组织交易成本理论和制度性集体行动框架等构建合作决策的因果关系框架。第二类是合作执行研究,关注合作困境,在中国情景下映射的研究理论包括地方保护主义(Oi,1995;丁煌,1995;王绍光、胡鞍钢,1993)、条块分割及应对策略(Lieberthal,2011;周雪光,2010),以及(中国)官员激励(周黎安,2004;2007)。第三类是合作结构研究,关注合作达成后所呈现的静态结构,主要基于网络治理理论(Agranoff & McGuire,2003;Powell,1990;Provan & Kenis,2008)等。第四类是合作绩效研究,关注绩效评估,主要运用合作评价模型(Rodriguez & Rincones,2012),以及广泛探讨合作稳定性与合作灵活性之间的博弈关系(Provan & Kenis,2008)。

本章对地方政府间合作的相关决策研究进行综合论述,包括地方政府间合作的起源、全球府际合作和中国府际合作的实践样态,合作研究常用的理论框架及不足之处,各国学者对合作广度、合作联结和合作程度各层面的动力机制探索,并着重描述中国地方政府间合作研究的进展。从研究范式、对话理论和分维度探索三个方面综合考量,论述本研究对现有文献的补充和贡献。

2.1　地方政府间合作实践样态

本该统一、完整实现的公共服务目标在执行中常面临分割甚至冲突,因而造成了公共服务碎片化现象(Bennett,1997;李利文,2019)。源于部门间职能割裂,地区间决策分权、财政能力不对等、经济发展不平衡,西方国家选区政治分裂和中国户籍辖地管理等因素,公共服务碎片化问题在世界范围内广泛存在(Bennett,1997;Citroni et al.,2016;Warner & Hefetz,2002;李利文,2019)。但根本原因指向政治和行政单元最优规模问题,即行政管辖边界与服务规模的匹配度问题(Ostrom et al.,1961;Grossman et al. ,2017)。随着全球治理的复杂度逐渐提升,社会对公共服务的种类、数量、质量和提供方式的需求也逐渐呈现多样性。反映历史聚落模式的行政管辖边界无法满足民众对社会交流、资源均等、商业发展和环境保护的新需求(Bennett,1997;National Research Council,1999;LeRoux & Carr,2007)。

当外部环境高度复杂,组织管理者必须同时处理多元目标的任务或提供多样化的服务和产品时,组织会追求和建立可以对抗复杂系统的新机制(McGuire & Silvia,2010;Scott & Davis,2007)。组织外部环境的复杂度甚至可以和组织内部结构的复杂度成正相关关系(Lawrence & Jay,1967;Thompson,1967)。考虑到组织内部无限创立机制和扩张职能的高昂成本,组织间开始发展合作关系,以期通过较低成本的资源互换对抗外部复杂的需求(Feiock,2013;McGuire & Silvia,2010)。同时,人们也逐渐意识到,提供服务的组织规模没有最优解,不存在一个固定的行政权力边界或是一个标准答案,可以符合所有地区对公共服务的多元化需求(Bish,2000;Ostrom,2005)。因而,组织积极尝试形成伙伴关系共同面对集体困境,通过合作机制提供共享服务,以有效弥补这种碎片化割裂(Dawes & Prefontaine,2003;Ostrom,1990)。

府际合作指两个或两个以上的政府共同行动,在一个更大的区域中提供服务(Feiock,2007),包括同级别政府的跨区域合作、同区域内的不同部门间合作、不同级别政府间的纵向合作等。合作旨在解决单一行政管辖区域内无法解决的地方政府间问题(Agranoff & McGuire,2003;McGuire,2006)。Minkoff(2013)基于公共选择理论把府际合作的定义细化为"一种多中心活动,在分散的行政区域和碎片化服务供给的环境下,通过城市之间的互动所产生的新服务生产型政策"。府际合作可以帮助解决公共服务的碎片化供给问题(Ansell & Gash,2008;Bianchi et al. ,2021;锁利铭,2018a),产生多元化的潜在收益(Andrew,2009;Minkoff,2013;王清,2018),近年来在世界范围内日益受欢迎(Cedergren et al. ,2021;Dixon & Elston,2020)。

虽然如此,府际合作并不总是轻易能达成和实现预期效果。在国际城市管理协会(International City/County Management Association,ICMA)的一项调查中,45%的城市管理者表示他们曾在过去一年中考虑与其他地方政府合作提供公共服务,但最终这些城市中只有一半真正落实了合作(ICMA,2003),同时还会受到共同信念不坚定、缺乏信任、内部官员意见相左、市民反对等各种各样的阻碍(ICMA,2019)。而即使是经过良好设计的

合作项目,如果遇到不匹配的合作者和不稳定的合作机制,也一样会失败
(Bianchi et al.,2021;Zeemering,2019)。

需要指出,本节主要论述与主题紧密相关的同行政级别的地方政府间
横向合作,即府际合作。

2.1.1 全球府际合作

半个世纪以来,不论是联邦制国家还是单一制国家,西方多国的地方政
府在社会治安、自然资源管理、教育、医疗健康、政府审计等领域的深度实践
合作中提供共享服务模式(Goldsmith & Page,2010;Kwon & Feiock,
2010;Nordregio,2014;Strebel & Bundi,2022)。即使是在公共服务领域
一直保持"自给自足"而不愿参与合作的英国地方政府,也从 2017 年开始大
力推行共享服务合作,并在 3 年时间内实现 97% 的地方政府参与服务合作
(Dixon & Elston,2020)。

全球府际横向合作有两种形成形式,一是由上级行政组织命令和安排
合作,二是地方政府间自发自愿合作(Kalesnikaite & Neshkova,2021)。全
球府际合作涵盖跨国境合作、跨省/州际合作、跨县域合作等多种形式。例
如,欧盟内跨国境公共服务项目(cross-border public services)主要以欧盟
内两两邻国间的公共服务合作供给为主,64% 的服务范围集中在成员国边
界两侧,60% 的服务领域集中在环境保护、市政保护、灾害修复和运输
(ESPON,2018)。在公民社会的背景下,政府组织与非政府组织(NGO)的
合作也逐渐密切。这些跨域公共服务实践在促进区域交流融合、增加服务
可及性和减少资源错配上具有重要作用。

2020 年新冠疫情暴发后,国际社会对政府的公共服务能力提出了新的
需求,强化了跨区域公共服务供给的发展趋势。[1] 欧盟、国际劳工组织等呼
吁各国/地区通过政府间合作的形式为这些"无本地身份者"提供包括基本
救济、医疗支持、社会融入在内的多元公共服务。[2]

---

[1] Caribbean Migration Consultations. How does COVID-19 impact migrant domestic workers? [EB/OL]. (2020)[2022-02-11]. https://caribbeanmigration.org/blog/how-does-covid-19-impact-migrant-domestic-workers.

[2] Council of Europe, Intercultural Cities Program. Intercultural Cities: COVID-19 special page. Council of Europe[EB/OL]. [2022-02-11]. https://www.coe.int/en/web/interculturalcities/covid-19-special-page; Hopkins J. DALIY CALLER: Chicago Mayor Signs Executive Order Giving Coronavirus Benefits to Illegal Aliens[EB/OL]. (2020-04-07)[2022-02-11]. https://dailycaller.com/2020/04/07/chicago-to-give-benefits-to-illegal-aliens/.

这一背景下,围绕政府间合作以及公共服务供应边界的探讨再次成为
关注的焦点。新冠疫情的暴发将全球治理暂时分为了"疫情前"和"后疫情
时代"(Shen et al.,2022)。因此,如何寻求一个更有弹性的公共服务供应
体系?通过非毗邻授权型合作持续提供共享服务的方式是否可以为全球所
借鉴?中国政务服务通办改革作出了积极示范。

2.1.2　国内府际合作

中国传统的府际合作形式主要包含两类:被称为旧互助关系的对口支
援/帮扶(paired assistance policy,以下统称对口支援)(李瑞昌,2015),以及
被称为新互助关系的跨域治理(boundary-spanning government)(李瑞昌,
2020)。其中,对口支援政策始于 20 世纪 70 年代,作为将资源从相对发达
地区转移到地理非相邻的欠发达地区的一种机制,在中央政府的协调下逐
渐制度化,是较为传统的旧互助关系。由于一些省份和城市难以承担财政
和资源负担,支援政策广泛应用于各大领域,包括灾难援助、经济援助、医疗
援助和教育援助等国家发展重点任务,实现人、财、物的跨域流动和再分配
(李瑞昌,2015)。

相比于旧互助关系对口支援,新互助关系跨域治理是指两个或多个地
理相邻的地方政府基于某种原因而达成互助和合作,锁利铭等(2013)将其
抽象化为"个体理性的地方政府为克服交易成本障碍互相联结,构建相互依
赖的可持续合作网络,从而实现公共服务的供给"。跨域治理的目标是提高
经济发展效率、公共服务质量和解决负外部性问题,如京津冀、长三角、珠三
角、粤港澳大湾区等跨域合作网络。正如"治理"包含组织主体间的所有互
动,如政府内部体制改革、管理创新、理念创新和"施政"过程(包国宪、霍春
龙,2011;锁利铭,2013),从理论化的角度来看,跨域治理的意义也可以体
现在四个方面:(1)促进政策传送;(2)建立协作机制;(3)建构社会资本;
(4)创新政策工具等(Leach & Percy,2001;何精华,2011)。

从合作渠道来看,国内地方政府间合作的渠道主要有顶层推动和府间
自发两种。顶层推动如 2014 年习近平总书记在北京主持召开座谈会时,强
调实现京津冀协同发展;2020 年新冠疫情暴发时,国家卫健委宣布通过 16
省份"一省包一市"机制对湖北省各地市进行对口援助[①]等。政府间自发一

---

① 新京报."一省包一市",以"对口支援"全面阻断疫情[N/OL].(2020-03-06). http://
www.xinhuanet.com/2020-02/08/c_1125544764.htm.

般通过签署合作协议、备忘录等方式自发缔结合作，如 2004 年泛珠三角区域①政府签署的《泛珠三角区域合作框架协议》等。

从合作对象来看，广义的府际合作可分为纵向型、横向型和斜向型三种。一是纵向型合作，是指行政隶属关系中的央地之间、上下级政府之间，如广东省政府与珠三角 9 市政府间签订的珠三角地区基础设施建设等五个一体化规划，要求 9 市率先在基础设施、产业布局、基本公共服务、城乡规划和环境保护五大领域推进区域整合；二是横向型合作，是指同级政府之间和职能部门之间，如《江苏省与山东省经济社会发展合作框架协议》、中部六省区域合作协议和《长三角科技合作三年行动计划（2008—2010）》；三是斜向型合作，是指级别不同、互不统辖的地方政府之间和级别不对等的职能部门之间，如《天津—唐山经济合作协议》、《穗港现代服务业合作备忘录》（广州—香港）等（杨爱平，2011）。

本研究的主题政务服务"跨域通办"为横向型府际合作。从合作领域来看，我国横向府际合作实践有三种类型：（1）经济领域主要是城市共建毗邻经济协作区和对口经济支援，包括产业园区、贸易一体化、经济技术交流、基础设施建设等方面的协作，这些合作多基于自上而下的指示和地方经济发展需求，如长三角经济区、海西经济区、陕甘川毗邻十二方经济区等；（2）环境领域主要是毗邻城市共治环境与气候，包括空气污染、水流域污染、二氧化碳排放等不受行政边界分隔的负外部性问题，只能通过毗邻城市跨域协作达到有效治理，如京津冀及周边地区大气污染防治协作机制、八省（市）海河流域水协作宣言、长江三角洲区域环境合作倡议等；（3）公共服务领域主要是毗邻区域一体化公共服务发展、对口医疗、教育和灾难支援等。区域一体化公共服务发展包括京津冀交通一体化、"广佛同城"合作办学和教育资源开放等。对口医疗支援如新冠疫情期间各省份对湖北各市的支援等。结合目前中国的实际，大多数府际合作围绕前两种领域，即经济领域和环境领域，以提高经济发展效率和解决负外部性问题。地方政府较少参与单独的共享公共服务的合作改革，上文中所提到的京津冀交通一体化和"广佛同城"合作办学其实是京津冀"首都经济圈"和"广佛同城"广佛经济战略中的一个分支。

尽管我国府际合作的种类和领域都在逐渐丰富，但不同类型的合作所

---

① 泛珠三角区域包括福建、江西、湖南、广东、广西、海南、四川、贵州、云南九个省（自治区）和香港、澳门两个特别行政区（简称"9＋2"）。

获得的政策注意力是不同的。制度性集体行动(institutional collective action,ICA)框架按自治程度对合作机制的分类,分别是:(1)嵌入性网络(informal policy network structures),即通过一组经济、政治和社会关系的网络而非正式机制加以协调;(2)府际协议(contract),指借助具有法律约束力的合同保障共同行为;(3)授权型合作(delegated authority),即政府把特定的权力委托给另一个政府,包括在集体网络设立区域性政府和目标授权协议等(Feiock,2013)。其中,嵌入性网络关系和府际协议的形式在我国地方政府间的合作实践中广泛运用,授权型合作极为少见。学术界基于田野实践,也主要围绕前两种府际合作进行实证辨析(马捷等,2014;周志忍、蒋敏娟,2013)。

对应的嵌入性网络机制有区域合作论坛(临时)、首长联席会议(临时)、组织间相互调研、学习等。以京津冀及周边地区大气污染防治领导小组为嵌入性网络机制的代表案例。按照文件要求,领导小组负责组织推进、统筹研究、指导督促有关区域大气环境质量改善的一系列工作,实行工作会议制度和信息报送制度,工作会议根据需要定期或不定期召开,相关部门和省级政府每年向领导小组报告区域大气污染防治年度任务完成情况和下一年度工作计划。[①] 这是一种通过政治关系实现的非正式机制,且带有临时的性质,整个机制运行过程中不涉及任何授权与被授权。

对应的府际协议机制有区域一体化发展、区域环境保护合作协议、对口支援等。以泛珠三角区域合作框架协议为府际协议机制的代表案例。按照协议内容,协议内各方应加强彼此间的航空业合作,承诺营造开放、公平和有吸引力的营商投资环境,开展劳动力供求信息交流,加强文化和人才交流,协同疫病防控组织工作等。[②] 这是一种具有合同保障的共同行为,在整个机制的运行过程中,协议双方/多方各司其职,互不干预,不涉及任何授权与被授权。[③]

本研究所关注的政务服务"跨省通办、省内通办"需要两地间相互授予

---

① 国务院办公厅关于成立京津冀及周边地区大气污染防治领导小组的通知(国办发〔2018〕54号)[EB/OL].(2018-07-11)[2024-12-31]. https://www.gov.cn/zhengce/zhengceku/2018-07/11/content_5305678.htm.

② 搜狐新闻.泛珠三角区域合作框架协议(全文)[N/OL].(2004-06-03)[2022-10-10]. http://news.sohu.com/2004/06/03/00/news220380051.shtml.

③ 类似的还有《长江流域重点水域"十年禁渔"联合执法合作协议》(2021)、《青海西藏应急联动战略合作协议》(2021)、《"1+12"太湖流域生态环境资源司法联合保护框架协议》(2019)、《豫粤人力资源社会保障工作合作协议》(2012)等。

服务事项收件权和受理权，属于较为少见的第三种授权型合作类型。同时，通办合作无须解决负外部性问题，完全依赖于人口流动的自然方向和体量，因而选择合作伙伴时不受地理位置限制。政务服务通办中的府际合作形式独特且新颖，然而学术界尚未对此进行深入探讨。

2.2　府际合作理论对话

研读大量府际合作实证研究，发现合作研究学者所对话的理论框架可以分为两重面向。第一重面向是大量运用的工具性维度，以公共选择理论、交易成本理论、政策工具理论、资源依赖理论等为基石，以 ICA 框架为主要呈现形式，认为地方政府间的合作是由工具性关切所驱动的、以解决组织所实际面临的问题为根本目标的技术性工具，因而着重关注成本、收益和风险（Sullivan et al.，2013；Dickinson & Sullivan，2014）。第二重面向是比较少见的合法性维度，以新制度主义（new institutional theory，NIT）为理论基石，认为地方政府间的合作可以为政府自身带来存在和运作的合法性。主要机制有：（1）应对上级压力，通过合作行为展示对政策的执行力度；（2）应对同侪压力，通过合作行为确保自身理念与组织整体环境一致；（3）应对社会压力，通过合作行为天然被赋予的道德感巩固自身合法性。因而合法性维度着重关注上级干预、同侪压力和社会意识形态（Dixon & Elston，2020；DiMaggio & Powell，1983；McLaughlin，2004；Oliver，1990；Scott，2013；Sullivan et al.，2013）。

2.2.1　ICA 框架及其衍生理论

大多数面向府际合作前期决策阶段的研究基于 ICA 框架展开。这一框架从集体行动、理性选择、公共经济、组织交易成本、社会嵌入和政策工具等理论场域出发，汲取了 Scharpf 开创的行动者中心制度主义（actor-centred institutionalism，ACI）和 Ostrom 开创的制度分析与发展（institutional analysis and development，IAD）框架，回应了西方大都市区内部碎片化的行政单元和公共服务规模困境。

ICA 框架主要从交易成本和合作风险两个维度揭示政府间合作行为的产生和演进，并对解决 ICA 困境的机制进行了梳理和分类，是专门用于分析地方政府间合作的集大成框架（Feiock，2004；2007；2013）。需要指出，交易成本主要包含信息成本、谈判成本、执行成本和代理成本，合作风险主要包括协调风险、分配风险和背叛风险（Feiock，2007；2013）。其中，信息成本是指合作对象之间交换信息，为减少信息不对称而付出的成本；谈判成本是指合作对象之间谈判和协商合作细节的沟通成本；执行成本是指执行集体行动所付出的成本；代理成本是指合作洽谈方（官员）与合作受益方（公民）理念不一致时，通过监督或信任而付出的代理成本；协调风险是指合作对象所面临的难以协调合作的风险；分配风险是指合作对象所面临的共同收益被不平等分配的风险；背叛风险是指合作者面临着对方可能违约或逆向而为的风险。ICA 框架认为，政府间合作本质上是一种集体行动，当集体行动的收益大于成本，集体行动就会发生。例如，公共服务供给的政府间合作通常是基于共享资源、收益和风险，致力于以更小的行政成本获得更有效率和更大规模的服务传递（Dawes & Prefontaine，2003；Feiock，2007；Janssen & Joha，2006）。

ICA 框架及其衍生研究对府际合作的因素进行了诸多探讨，基本可以分为外界需求和内在资源禀赋两个层面（Leroux & Carr，2007）。环境需求与资源禀赋看似分离，实则相互嵌入，均通过交易成本和合作风险两条机制发挥作用，任何一方的缺失都有可能导致合作关系断裂。其中，外界需求由目标人群、问题严重性、上级干预等外部需求建构（Kalesnikaite & Neshkova，2021；Wu & Liu，2019；李瑞昌，2015、2020；周凌一，2022）。组织资源禀赋由组织本身的行政级别、资源类型、资源独立性、邻近性、相似度、历史合作经验等组织自身禀赋提供支撑（Agranoff & McGuire，1998，2004；Cao et al.，2019；Chen et al.，2019；Dixon & Elston，2020；Ki，et al.，2020；Leroux & Carr，2007；O'Toole & Meier，2004；Post，2004；Rubado，2021；Shaeffer & Bryant，1983；Wu & Liu，2019；锁利铭，2013；李瑞昌，2020）。同时，组织禀赋也包含组织内部微观行动者的关系供给，如官员跨域交流、官员个人社会网络等（Carr et al.，2009；Chen et al.，2019；Gerber & Loh，2014；Kwon & Feiock，2010；Leroux et al.，2010；Minkoff，2013；李响、陈斌，2020）。ICA 框架下已知的众多影响因素，均可以单独地、直接地影响合作结果，只是在不同合作情景下的解释力度不同。

近 20 年，Richard C. Feiock 及其团队围绕 ICA 框架不断更新补充，与世界各地的政府间合作实证研究持续对话，现已形成一套权威的理论体系。在东西方各种政治体制的国家均有运用，多国学者基于 ICA 框架发展了本国政治、行政和经济情景下的府际合作解释性理论。然而，在 ICA 框架与各国实践不断对话的过程中，我们也看到 ICA 作为工具性维度所无法解释的合法性维度的一些要素和现象，如城市间横向竞争、学习、模仿等同侪效应，以及和官员个人收益等。

ICA 框架下有证据表明城市的同侪（尤其是同一行政区划内的毗邻城市）的历史合作经验会对城市自身的合作广度造成影响（Rubado，2021），其经验作为一种知识性的补充，引导城市自身对合作成本—收益进行评估。但 ICA 框架和现有相关研究都未能指出相同合作项目和相同时段背景下，同侪行为对城市合作行为的影响，如对于相同的合作项目，同侪的合作广度是否会正向带动城市自身的合作广度？同侪所选择的合作伙伴是否会影响城市自身的合作伙伴选择？同侪所贡献的合作程度是否会影响城市自身的合作程度？

综上所述，ICA 理论广泛汲取前期学者的理念和经验，并发展了一套可测量的解释框架，因此在合作研究中占有举足轻重的地位。近十年来，几乎每一项政府间合作研究都与 ICA 理论进行了对话。但学界仍然发现，ICA 作为一种工具性维度的理论框架，无法涵盖和解释合法性维度下的种种因素与机制。田野中存在着超越 ICA 框架之外的动力机制和因果关系，例如同侪效应等。

2.2.2 新制度主义及其衍生理论

新制度主义理论（new institutional theory）强调了外部力量可以通过合法性需求改变组织行为（Scott，2013），是一种合法性维度的关切。在特定环境中运行的组织不仅基于理性选择、交易成本等工具性维度的关切，如生产效率、成本—收益分析等决策逻辑，还要考虑它们所处的环境中约定俗成的要求，以获得组织行为合法性（Meyer ＆ Rowan，1977；DiMaggio ＆ Powell，1983）。DiMaggio 和 Powell（1983）提出了三种微观机制，包括强制、模仿和规范，这三种机制都是通过环境压力迫使组织采用适当行为并保持与环境一致的共同理念。具体是指源于政治影响和合法性问题的强制性同构、与专业化相关的规范性同构，以及为应对不确定性而产生的模仿同构。其中，模仿机制的同侪压力来自组织认为应有的共同信念系统和认知框架（Meyer ＆ Rowan，1977；DiMaggio ＆ Powell，1983）。当环境产生不确定性时，组织会模仿其他被认为更成功的组织的行为，以获得更为"稳健"的合法性（DiMaggio ＆ Powell，1983）。当然，最终是否贯彻模仿行为，要取决于组织间对信念系统和认知框架的共享程度（DiMaggio ＆ Powell，1983；Barreto ＆ Baden-Fuller，2006），并不是每一次同侪的决策和行动都足以吸引其他同级组织完全效仿(Wood & Lewis,2017)。

以新制度主义理论为基石,衍生了一系列关注外部环境压力影响合法性需求的地方政府间合作研究。基本分为以下三种机制:(1)应对上级压力,组织通过合作行为展示对命令的执行力度、潜在忠诚度(Yang et al.,2022);(2)应对同侪压力,组织通过合作行为确保自身理念与整体环境一致(DiMaggio & Powell,1983;Scott,2013;Yang et al.,2022),有中国学者将其浓缩为组织执行中的"中游"策略——不争先,唯恐后(彭勃、赵吉,2019);(3)应对社会压力,组织通过合作行为被天然赋予的道德感巩固自身合法性(McLaughlin,2004;Sullivan et al.,2013)。每一种压力都通过法律规范、道德授权或文化支持来宣称其合法性逻辑。因而合法性维度着重关注上级压力、同侪效应和社会意识形态(Dixon & Elston,2020;Oliver,1990)。

笔者认为,识别同侪行为对二元"城市对"合作关系的影响效应在理论层面是必要的。首先,开放系统理论(open systems theory)提出,所有组织都生活在系统环境中,不可能完全独立地作出行为决策,必然会不同程度地受到其他行为主体的影响(Katz & Kahn,1966)。其次,公共管理学科领域已有多篇研究证实了同侪效应对地方政府行为的影响作用,例如政策采纳和创新扩散(Ben-Aaron et al.,2017;Yi & Liu,2022;Zhang & Zhu,2019)。尤其是当政府决策面临不确定性和风险时,同侪行为是重要的参考信息之一(Choi & Woo,2022;Laursen & Faur,2022;Silitonga et al.,2019)。另外,Minkoff(2013)和Krueger(2005)还指出同侪关系会尤其影响政府组织间的合作,并对已有的工具性维度逻辑提出挑战。城市间合作时除了对交易成本和资源禀赋进行综合考量,两地的潜在关系也不可忽视。若两地存在竞争关系,则合作所带来的收益和实际付出的潜在政治成本是难以清晰测量的。合作虽然带来共同收益,但两地各自的收益往往难以完全等价,竞争关系更加剧了这种收益占比的不确定性,因此同侪效应无法忽视。

代表合法性维度的新制度主义理论所提出的外部环境压力对府际合作研究中的工具性维度理论作出了有效补充。正如前节所述,尽管广泛运用的 ICA 框架识别了同侪的历史合作绩效对城市自身参与合作的影响,但这是一种历史经验性的贡献机制,无法解释在同一时间段、同一合作项目(类型)的背景下,同侪的合作广度、合作联结和合作程度如何通过合法性需求影响城市自身的合作广度、联结和程度。对于这一研究缺口,新制度主义理论贡献了对同侪环境压力的新测量视角。

2.3　府际合作多层面行为决策

地方政府间合作属于复杂系统问题。对地方政府来说，遇到超越自身行政管辖权、财政水平或产业范围的治理难题时，常会倾向于参与合作。然而这并非绝对，政府会在衡量外部需求和资源供给能力后进行综合决策，抽样显示有一半的合作行为会在政府权衡利弊后流产（ICMA，2003）。即使决定参与合作，政府也会在合作伙伴、合作程度和合作机制等环节进行调整，尽可能为整个合作行为降低成本、规避风险和提高合法性。

Krueger（2005）、Krueger 和 McGuire（2005）提出地方政府间决策合作关系需要两个层面的决策。第一个层面是当地方政府面临问题和需求时，本能地对合作行为进行成本—效益分析，然后决定是否合作；第二个层面是地方政府在决定参与合作后，面对不同的合作伙伴来决策自己应当贡献多深的合作程度。Shrestha 和 Feiock（2011）认同了这一分阶段模型并将其运用在地方间合作提供公共服务的研究中。

基于 Krueger（2005）、Krueger 和 McGuire（2005）的研究，Kwon 和 Feiock（2010）也提出了地方政府间合作决策中的两个层面。但是与 Krueger 不同，Kwon 和 Feiock 认为，第一层面依然是地方政府决策是否参与合作；但第二层面应当是地方政府决定参与合作后，识别各方条件与需求，寻求和探索建立一个适宜的合作机制，以求自身利益最大化。

基于以上文献和笔者对我国政务服务跨域通办改革顶层设计政策的研读，以及对基层执行通办过程的田野观察，紧扣本研究的叙事思路，本节将府际合作决策过程的文献划分为三个层面，分别是合作广度、合作联结和合作程度，依次综述。综述的角度依然是地方政府间合作提供公共服务研究中最主要的两重面向——需求侧与供给侧（Leroux & Carr，2007）。

2.3.1　合作广度

合作广度（collaboration breadth）是指在多大程度上可以与更多的地方展开合作，常用合作伙伴的数量规模来表征（Andrews et al.，2020；Jung & Jeong，2013）。也可用合作伙伴的类型范围来表征（Chapman et al.，2018；Kobarg，2019）。学者从城市和政府的多个要素角度对合作广度作出了探讨和检验，基本上可分为需求侧和供给侧两类。

　　从需求侧来看,合作需求度被表征为问题严重性和客观需求规模。其中,**问题严重性**(problem severity)是指当局面临的依靠自身能力难以解决的困境问题(wick problem)的严重程度。感知到的问题严重性越大,解决问题的动机也就越强,同时,社会客观需求也就越高(Scholz et al. ,2008)。问题严重性对合作意愿和合作广度有着较大影响。不论是客观测量的问题严重性,如气候变化问题中所客观存在的海平面上升幅度和沿海危险住宅数量,还是主观测度的问题严重性,如发布问卷询问"你认为海平面上升是否对城市有威胁?"实证结果显示其均正向促进了沿海城市的合作广度(Kalesnikaite & Neshkova,2021)。相似的,在灾难问题中,不论是城市过去发生灾害的概率,还是城市官员对未来灾害情况的担忧,都与城市当下的合作广度成正相关关系(McGuire & Silvia,2010)。**客观需求规模**的测量更偏向客观实际存在的数据。例如,人口规模直接决定了合作提供公共服务的需求规模(Feiock et al. ,2012;Leroux,2006;Shrestha & Feiock,2016)。此外,社会人口特征所决定的城市最需要关注的领域往往会比其他领域拥有更高的合作广度(Joassart-Marcelli & Musso,2005),所以面临更高暴力犯罪率的地区会更多地在社会治安领域参与合作(Conner & Witt,2016),面临更高跨省流动人口规模的地区会更多地在劳动力保障领域参与合作(Chen et al. ,2019),高老龄化的人口结构和高占比的有色人群会使得城市更倾向于地方政府间合作而非市场化私有化政策工具(Leroux & Carr,2007;Warner et al. ,2021)。

　　从供给侧来看,多指城市、政府和组织自身可供给的资源禀赋,包括经济/财力禀赋、政治权力禀赋、社会资源禀赋等。如 Leroux & Carr(2007)发现司法管辖权限较低的城市更愿意参与合作,这是由于它们缺乏对规模经济的调度和管控权,而合作可以进行有效补充;这篇研究还发现了社会富裕程度和城市合作的倒 U 形关系,当一个城市在逐渐走向富裕时,它们的合作意愿会逐渐降低,然而,当一个城市非常富有时,它们又会变得非常愿意广泛参与合作。Carr 等(2009)、Shreatha 和 Feiock(2011)发现美国很多城市的合作意愿和人口规模负相关,这是因为人口资源富余的地区较有可能实现经济内循环,因而不需要借助外力构建完整的产业链和贸易链。与此相对的,人口数量较少的城市更倾向于合作,因为它们没有足够的规模满足全部内部需求(Strebel & Bundi,2022)。

　　但不论是需求侧因素还是供给侧因素,合作研究学术界关于其对合作广度的影响作用及机制的探讨仍未达成一致,因为不同合作情景下的运行机制不仅不同，甚至可能截然相反。有文献指出那些资源禀赋更富裕（包括财政充足、宽松的政策环境等）的城市的合作广度更高，因为它们更具备合作的能力和窗口；而那些资源禀赋相对匮乏和分散的地区，则合作广度较低，这是由于匮乏的资源使其更容易面临集体行动的困境，碍于这种风险，城市减少参与合作的概率（Kwon & Feiock，2010；Shrestha & Feiock，2011）。但也有实证研究发现，组织禀赋较弱（经济不发达、财政不充足）的一方由于面临更大的问题严重性，因而更大概率会尝试和参与合作关系，通过提高合作广度来弥补自身局限性（Kwon et al.，2014；Liu et al.，2021；Sedgwick，2016）。

值得本研究关注的一点在于，并非所有的问题严重性都被归类为需求侧，当政府通过人口政策领域的合作解决人口相关的问题时，人口既是问题目标也是服务对象，人口规模既是需求规模，也是解决问题时面临的成本规模（Post，2004）。在这种情况下，需求侧、供给侧和合作广度之间的影响机制需要因地制宜、实事求是地来讨论。

2.3.2　合作联结

选择正确的合作伙伴被认为是合作成功的关键（Geringer，1991）。合适的伙伴与兼容的目标、伙伴间互补技能和策略等，都能够极大地帮助组织产生更优秀的服务和产品（Dacin et al.，1997）。根据 ICA 理论，选择合作伙伴的原则是尽可能降低交易成本（包含信息成本、谈判成本、执行成本和代理成本）和合作风险（包含协调风险、分配风险和背叛风险），而组织的方方面面都会影响到这两个因素（Feiock，2013）。

我们依然从需求侧和供给侧两个维度剖析合作联结的影响机制。需求侧主要由问题严重性来表征，城市政府需要通过感知对方的困境、压力和决心来预估对方的合作积极度和合作稳定度（Kalesnikaite & Neshkova，2021；Wu & Liu，2019）。从供给侧来看，包括组织规模、地理位置、行政级别、人财物资源禀赋、知识水平、文化属性、内部一致性、历史合作绩效、行动者关系等，城市政府需要衡量对方的供给禀赋并与自身形成对比，从而预估合作的潜在成本（Aldag & Warner，2018；Cao et al.，2019；Chen et al.，2019；Dixon & Elston，2020；Ki，et al.，2020；Nina et al.，2021；Rubado，2021；Wu & Liu，2019）。其中，行动者关系包括政治精英通过异地任职、跨区交流、户籍和选区等渠道构建的个人关系网，城市政府会倾向于通过个人网络了解内部讯息并加速谈判流程（Carr et al.，2009；Chen et al.，

2019；Gerber & Loh,2014；Kwon & Feiock,2010；Leroux et al.,2010；
Minkoff,2013；Nina et al.,2021；李响、陈斌,2020)。参与合作的组织需
要审慎地考虑大量定性或定量、有形或无形的因素,以争取伙伴和自己的搭
配可以按时按质完成任务和目标。

　　合作研究中往往把合作联结视为一种关系研究,即从二元"城市对"的
角度或从网络结构的角度对其进行考察。作为对关系的衡量,相关解释变
量都应体现其关系特征。例如,上文提到的合作需求度应转换为两地的需
求目标一致性,需求目标匹配的伙伴关系可以降低谈判成本、代理成本和背
叛风险(Dixon & Elston,2020；Fowler,2018)；上文提到的组织资源供给
能力,应转换为两地间资源能力的相似度或差异度(Carr et al.,2009；Ki et
al.,2020；Shrestha & Feiock,2011)；上文提到的地理位置和文化属性,应
转换为地理邻近性和文化同质性(Alonso et al.,2016；Cao et al.,2019；
Chen et al.,2019；Dixon & Elston,2020)；上文提到的官员异地任职,应
转换为两地之间的"是否"关系变量和程度关系变量,如 A 市官员是否曾在
B 市履职、A 市官员曾在 B 市履职的时长等(Petrovsky & Avellaneda,
2014；Zhu & Meng,2020)。

2.3.3　合作程度

　　各国学者对合作程度的探讨都非常有限。这主要是因为组织或个体在
合作中的贡献程度较难测量。本研究将合作程度视为一般意义上的概念,
当我们在描述合作强度和深度时,可以将其都视为合作程度；反之,亦然。
如概念界定(1.4 节)中的描述,合作程度的测量可以类似于合作强度和深
度,如通过质性材料和问卷对机制划分层次和等级,也可以采用量化思维,
使用共享服务的数量、协议的数量、财政支出金额等客观数据表征
(Krueger,2005；McGuire & Silvia,2010；Shrestha & Feiock,2011)。

　　主流的合作程度研究关注合作机制的密切程度,如信息交互的频繁程
度、任务流中的独立程度、对伙伴决策的影响程度等(Kalesnikaite &
Neshkova,2021；Nylén,2007；MacIndoe,2013；Trach,2012)。这些测量
基于合作机制的文本记录和问卷进行,问卷中询问如"与对方的合作关系是
否对决策产生影响?""你认为在 1~5 等级间,你们的合作紧密程度在哪一
个级别?""你们在合作项目中的一体化程度有多高?""你们在合作项目中的
权责整合度有多高?"等问题(Park et al.,2019；Sedgwick,2016)。
Sedgwick(2016)将合作的深度定性分类为 cooperation、coordination 和

collaboration 三种，他认为 cooperation 包括非正式合作，比如政府间单次的信息交换，风险最小，深度最低；coordination 是合作进行中的协调行为，指伙伴之间逐渐交换更多的资源和利益，风险也随之增加，深度适中；collaboration 被视为最完整的合作形式，内含完整的合作规划和正式的合作机制，深度最高。但其实这只是对合作机制的分类，两地间的合作是动态演变的，很有可能从一开始的 cooperation 发展为 coordination，最终走向 collaboration，一对合作关系中可以同时拥有多种合作机制。

目前来看，对府际合作程度的量化探索出现在 2005 年。Krueger（2005）建立了城市政府间合作选择的模型，以交易成本为解释变量，分别以合作联结和合作程度为被解释变量。其中，合作程度使用城市政府在合作项目中的财政支出来表征。2010 年，McGuire 和 Silvia（2010）使用地方政府间联系次数来表征合作程度。

根据有限的探索，需求侧的人口老龄化占比和弱势人群占比、问题严重性，以及供给侧的税收能力、财政补贴水平和支出水平等均会对合作程度产生影响（McGuire & Silvia，2010；Kalesnikaite & Neshkova，2021；Krueger，2005）。

2.4　中国情境下的地方政府间合作研究

中国情境下的地方政府间合作文献的考量视角不尽相同，不仅呈现了中央主导下的执行型合作，而且探索了区域一体化内部频率不一的自发型双边关系。已有研究基于中国地方间合作的实践，主要关注区域一体化发展、区域环境保护合作协议、对口支援等。2006—2015 年是以中国府际合作为核心关注点的区域治理学术共同体建立并逐渐稳固的十年（张紧跟，2013；锁利铭等，2018a）。这十年中，中国府际合作学者依托府际协议测量、网络结构分析、文本分析和案例研究为主要研究方法，多从合作网络基本架构、合作模式分类、合作机制体系、协同绩效与评价等角度入手，重点探讨地方间合作的整体结构、网络特点、行动特征、协同机制、合作困境和绩效定性评估，关注的地理范围主要在京津冀地区、长三角地区和泛珠三角区域（陈剩勇、马斌，2004；何精华，2011，李瑞昌，2015、2020；刘亚平、刘琳琳，2010；彭彦强，2013；锁利铭，2018a；锁利铭、张朱峰，2016；邢华，2014，杨爱平，2011）。

但是，贯穿于多数中国合作研究的一个特征是：关注合作达成之后的呈现形态、执行机制和绩效,相对忽视了合作达成之前地方政府的决策阶段,即"与谁合作"和"合作多深"这种递进式演变,也弱化了合作广度、合作联结、合作程度之间的差别研究。形成这种研究脉络,主要有两个原因:一是由于实践中中国府际合作多基于地理毗邻条件,而共同解决一些负外部性问题,如环境治理、产业链构建等,受地理位置限制,城市在合作联结方面并没有太大的自由度,缺乏案例可得性;二是因为现有的中国府际合作实践少有提供清晰完整的合作程度情况,既没有大范围的同类型合作项目推广,也没有可测度的合作交互频率,缺乏数据可得性。

针对上述局限,2016 年以后,部分中国府际合作学者将视角转向了合作行为的决策阶段,开始关注决策本身的动力机制和演变规律,使用质性分析方法对地方政府的合作意愿和合作伙伴联结机制进行了探讨。也有研究使用双边协议数量来表征合作程度,进而探索影响合作程度的动力逻辑。其中比较有代表性的有 Chen 等(2019)、Liu 等(2021)、锁利铭等(2013;2018b)、马捷等(2014;2019)、李响等(2020),将在后文深入介绍。

本节将立足中外学者对中国府际合作的研究(包含中文、英文文献),对研究范式、对话理论和文献中初步涉及的合作三个层面的探索进行论述。

2.4.1 中国地方政府间合作研究范式

中国府际合作研究伴随着地方政府间合作实践的增多而不断丰富。按照纵时段叙事逻辑,合作行为可以被划分为合作前的决策过程、合作中的执行过程和合作后的形态呈现。本节综述部分将依照这三个顺序过程为读者介绍目前中国府际合作的研究范式。

1. 合作决策

当中国府际合作逐渐从中央层面的"点兵点将"走向地方间的自发合作,地方政府的合作意愿开始建立在信任、共识和互惠的基础上,并逐渐成为影响合作决策的重要因素(卢文超,2016)。同时,离开中央部署,地区自发产生的区域合作也带来了一定的合作风险,包括体制障碍和能力不匹配等(李辉,2014),这些都对城市的合作决策起到了一定的影响作用。李瑞昌(2015)所界定的对口支援合作关系的直接决策动力只有中央政府的推动力;而后期的新互助关系则主要建立在中央政府推动力、产业链条推动力、人民需求推动力、历史合作基础、角色认知转变力、外部性问题治理条件等因素的共同基础上(李瑞昌,2020)。锁利铭(2013)认为自下而上的区域合作治理来自各方个体理性状态下的行动选择，达成合作关系后，逐渐稳定的区域网络为未来其他领域的合作降低了信息不对称和谈判成本，单一领域的合作可以逐渐衍生出多层次、多领域的网络关系。因此，旧互助关系对口支援所留下的合作经验会对新互助关系跨域治理提供支撑和推动作用。例如汶川地震后上海支援都江堰市灾后重建，两地通过 3 年的支援关系构建信任、友谊和互惠关系，最终走向了更长远、更广泛的跨域治理模式，在社会经济的多个领域开启合作（Tang，2020；Zhang & Tang，2021）。

锁利铭等（2018b）基于泛珠三角地区十年间的各项双边合作实例，以合作意愿和风险为条件变量，以双边协议为被解释变量，验证了高意愿、低风险机制对地方政府间合作的正向推动作用，并发现双方的合作意愿差距越小，合作越有可能发生。Liu et al.（2021）以中国府际合作治理环境污染为背景，通过定性比较分析方法（fuzzy-set qualitative comparative analysis，fsQCA），挖掘政府参与合作的启动条件，即权力不平衡、资源不平衡、合作历史及上级政府参与，并发现上级政府的不参与和地方政府间强强竞争等同侪效应都会抑制合作。

Chen 等（2019）以泛珠三角的区域网络治理为背景，以省级政府合作联结为研究对象，运用多元回归二次赋值方法（multiple regression quadratic assignment procedure，MRQAP），检验七个政策领域内的双边合作联结因素。研究发现地理邻近性、制度相似性、跨省领导调动、经济和政治地位都会显著影响合作联结。李响、陈斌（2020）运用 ICA 框架与随机主体社会网络动力学模型，关注长三角城市群的 25 个城市，采用 2007—2018 年共 12 年间其公共服务供给合作关系的面板数据，刻画城市间公共服务供给合作网络的演进模式。这两篇研究都少见地顾及了对合作行为的动态剖析，识别了城市间合作策略模式及动力因素。其理论框架之缜密、覆盖因素之周全、研究视角之新颖，都为本研究提供了较好的支撑借鉴作用。

2. 合作执行

大多数研究关注到了合作执行过程中的政府间协调机制，包括政府组织的职能整合和结构整合（苏苗罕，2015）。对比中央主导和地方自发这两种合作渠道的府际合作，有学者指出，中央主导的合作会配套相应的制度保障，但地方政府更容易忽视公共问题与公共服务质量；地方自发形成的府际合作又因为缺乏配套保障和利益博弈而收效甚微（刘亚平、刘琳琳，2010）。

部分研究指出了合作执行中的困境。多年来,地方政府间的合作实践并非合作主体承担同样的义务,完成一致的任务量,而是依照各类合作协议完成各自任务,形成一种“作而非合”的局面(郑文强、刘滢,2014)。有时也会因为机会主义和短期利益而陷入囚徒困境(饶常林,2014),其根本原因在于缺乏有效的法规监督和客观的利益协调机制(陈婉玲、陈学辉,2017;杨金玲,2018),以及各自治理资源的短缺(余璐、戴祥玉,2018)。政府间合作中的理论博弈从未停止——科层管理模式与合作治理形式的根本矛盾不可避免,政府间合作与治理理论的思路相互关联,政府间“既合作又竞争”的关系重叠交错,如何协调这三对关系将是未来的研究重点(郑文强、刘滢,2014)。

也有学者对合作执行过程进行了府际博弈与利益相关者分析。李晓飞(2016)以跨省户籍制度改革为例,核心关注土地的跨省占补平衡机制,挖掘出中央政府“元治理”(Meta-Governance)的角色——顶层设计与跨区协调。而地方政府作为第一行动集团,负责执行中央要求的政策、改革配套职能、跨省协同服务供给。各相关的社会组织参与公私合作,依靠专业知识和敏捷回应弥补地方政府行动缺口,协作供给服务。这套全方位的府际合作,由央地构成“斗鸡博弈”,地方政府间走向“囚徒困境”,而公私政社间呈现“智猪博弈”格局(李晓飞,2016)。

3. 合作形态

需要指出,现有的合作形态研究,多为合作网络形态研究(如城市群合作共同体等),较少呈现双边合作关系的联结形态研究。

部分中国学者基于府际协议方法,量化展示区域合作情况。首先,对合作形态进行文本编码,包括合作总体数量、结构、变动趋势,并可对某一地方政府和某一政策领域进行动态追踪。其次,从协议结构的灵活性、复杂性、拓展性和自主性等维度综合评价合作效果(锁利铭、张朱峰,2016)。比如马捷、锁利铭和陈斌(2014)将泛珠三角地区的多领域 191 项公共服务府际协议归总,用不同时段城市间协议密度表征两地间的合作紧密度。需要注意的是,这是一种对宏观层面的密度衡量,而非对单一目标合作行为的深度测量。还有,马捷、锁利铭(2019)基于长三角内 30 个城市的府际环境治理协议数据,研究长三角内部的合作动机和网络演变。发现基于既有历史基础和问题冲击,长三角内部的合作关系主要以上海和南京为双核中心领导,且次中心城市在环境治理领域中的地位逐渐上升。

部分合作形态研究基于社会网络分析方法(social network analysis,SNA),通过测量合作网络的点度中心度、中间中心度、接近中心度等多个指标,展示合作网络的基本形式、结构特征和内部微观联系(崔晶,2015;李响,2011)。如孙涛、温雪梅(2018)运用社会网络分析法,选取京津冀及周边地区2010—2017年22个央地政府主体环境治理合作网络的数据样本,对该区域大气治理府际合作网络的基本演化形式、结构属性和内部特征进行分析。研究发现京津冀大气治理府际合作网络中,尽管地方政府的中心性逐年上升,但中央政府始终居于网络中心位置;网络密度逐渐增加,协同网络逐渐成熟。

案例研究方法和文本分析法也是中国学界揭示合作形态特征的常用方法。如李响、严长乐(2013)选取长三角城市群2001—2012年16个中心城市的合作网络案例样本,分析其网络演化形式、结构属性和内部特征。锁利铭、张朱峰(2016)关注成都平原经济区,使用府际协议表征合作水平,并通过ICA框架建构区域整体合作网络与个体动机之间的作用关系。锁利铭等(2017)通过文本挖掘方法,使用泛珠三角合作区环境领域的62份双边和多边协议,刻画了区域环境治理的网络结构。

2.4.2　中国府际合作对话理论

多数中国府际合作实证研究对话了ICA框架及其衍生理论,在与其不断对话的过程中,学者们逐渐摸索创建出一套适用于中国情景的ICA框架(Chen et al.,2019;Yi et al.,2017;锁利铭,2018a)。Chen等(2019)验证了地理邻近性、制度相似性、跨省领导调动、经济和政治地位等常见合作因素在中国多领域跨省合作中的适用性。Yi等(2017)将ICA落地到中国情景的区域治理研究中,并从强制/自愿、正式/非正式、单功能/多功能三个视角对其进行了补充和扩展。锁利铭等(2018b)基于ICA框架及其衍生理论——区域治理风险理论,验证了"意愿—风险"框架与合作联结的因果机制。这些探索都为本书的理论建构打下基础。

2.4.3　中国府际合作行为决策的多层面探索

尽管多数中国府际合作研究未指出其关注点是合作决策中的哪一层面,或较少用"合作广度""合作联结"和"合作程度"表征其特征因素。但一些研究的内涵已经涉及这三个角度,并作出了较好的探索和示范。

锁利铭等(2018b)所验证的"意愿—风险"框架与双边协议签署之间的

因果机制,以合作双方的合作意愿强度(对合作动机的主观表达次数总和)和合作风险强度(对合作动机的主观表达次数差值)为条件因素,以配对视角的双方协议签订(是否签订)为结果要素,是对"合作联结"的重要考究。马捷、锁利铭(2019)基于长三角内部 30 个城市的政府间环境治理协议研究,识别了府际历史关系、问题严重性、信任程度和省际行政边界对合作网络形态构建的影响。李响、陈斌(2020)发现长三角城市偏好选择地理上邻接、具有相似人口密度与居民收入水平背景的主体作为区域性合作伙伴;地方领导人跨域交流和区域政策协调网络对城际公共服务合作的产生具有较强的外部驱动和催化作用等。以上三份研究都是对合作决策中的"合作联结"作出的有效检验。

2.4.4　缺口与补充

中国地方政府间合作逻辑的研究日益增多,但受限于国内跨域合作起步较晚,中国地方间合作研究的深度仍有以下进益空间。

(1)研究范围:较多关注协议型毗邻合作研究。由于实践界缺少授权型合作机制,所以尚未引起学术界的足够重视。更多围绕经济发展和环境治理领域的地方政府间合作,较少关注更广泛的非经济发展和非外部性领域(非毗邻)的合作。

(2)研究视角:受限于数据可得性和案例可得性,偏重于对地方政府间合作静态结构的研究,忽略了合作本身阶段性递进和多维度并存的特点。

笔者对中国知网中相关中文文献发表情况进行分析,搜索篇名包含"地方政府间合作"或"跨域治理"或"区域间政府合作"或其扩展同义词,且发表时间为 2000 年至 2022 年 3 月的核心期刊中文文献,共检索得到 77 条结果。从文献标题来看,多为"机制体系""基本架构""模式分类""组织运行""协同评价""前景与路径"和"问题与解决"研究,重点探讨合作的行动特征、整体结构、网络特点、协同机制、合作困境、绩效定性评估等方面,关注合作关系建立之后的状态,对合作中多种因果关系的探讨极少。解释性分析稀缺,对"政府合作的产生有哪些必要条件和充分条件?"等问题少有人作答(郑千强、刘滢,2014)。对合作联结、合作广度和合作程度等虽有初步探索,但对各因素都缺乏深描,对各层面之间缺乏对比分析,这仍是中国政府间合作研究的短板。

其实,世界各地的学者在合作领域贡献了上千篇研究,但至今少有文献能够将这三个层面放在同一个因果理论框架内进行讨论,或是演绎出合作三个层面中的差异逻辑。本研究尝试弥补这些缺口，在理论和实证两个方面展开探索。

2.5　本章小结

国际范围内，府际合作研究可按照关注点划分为四类，分别是合作决策研究、合作执行研究、合作结构研究和合作绩效研究。本章主要论述合作行为的决策研究，并关注与研究主题紧密相关的同行政级别的地方政府间的横向合作，即府际合作。

在全球各层级政府广泛运用合作工具的同时，中国府际合作的种类和领域也在逐渐丰富，但不同类型的合作所获得的政策注意力是不同的。按照嵌入性网络、府际协议和授权型合作的分类逻辑来看，前两者在我国地方政府间合作实践中广泛运用，授权型合作极为少见。而本研究所关注的政务服务"跨省通办、省内通办"需要两地间相互授予服务事项收件权和受理权，且无需合作双方地理邻近，正属于独特的非毗邻授权型合作类型。

从理论对话的角度来看，合作研究的理论框架可以分为两重面向。第一重面向是大量运用的工具性维度，认为地方政府间合作是由工具性关切所驱动的，以解决组织所实际面临的问题为根本目标的技术性工具，因而着重关注成本、收益和风险。第二重面向是比较少见的合法性维度，认为地方政府处在系统生态中，看重组织行为与系统的一致性，参与合作可以为政府自身带来存在和运作的合法性。因此，其决策会受到同侪行为的影响，尤其是在面对不确定性和潜在风险的时候。

另外，地方政府间合作属于复杂系统问题。整个合作流程并非一气呵成，部分学者认识到地方政府间构建合作关系至少需要在两个层面进行决策，并从合作广度、合作联结和合作程度三个层面分别探索了合作决策的影响因素和内在机制。

中国地方政府间合作逻辑的研究日益增多，但受限于国内跨域合作起步较晚，中国地方间合作研究的深度仍有以下进益空间。(1)研究范围：较多关注协议型毗邻合作研究，由于实践界缺少授权型合作机制，所以尚未引起学术界的足够重视；更多围绕经济发展和环境治理领域的地方政府间合作，较少关注更广泛的非经济发展和非外部性领域(非毗邻)的合作。(2)研究视角：受限于数据可得性和案例可得性，偏重于对地方政府间合作静态结构的研究，忽略了合作本身阶段性递进和多维度并存的特点。

第3章 理论建构与研究假设

3.1 总体研究框架

本研究将构建地市级政府政务服务"跨省通办、省内通办"中的地方政府间合作行为机制框架(见图3.1)。首先,基于理论文献从"需求侧—供给侧"两重面向构建解释变量框架,并同时纳入工具性维度和合法性维度两方面的影响因素。由于是授权合作,合作主体间的交互更紧密,对潜在合作的风险关注更多,因此研究着重考虑了工具性维度的动力因素,包括工具性交易成本逻辑和工具性合作风险逻辑。其次,识别并区分了地方政府合作行为的三个层面,即合作广度、合作联结和合作程度。最后,通过质性研究分析三个层次背后动力机制差异化的根本原因。

由于政务服务通办是在我国公共治理中实际存在却尚未获得充分理论关注的非毗邻授权型合作,笔者基于田野调查的访谈资料,解释各个层面上贴合本土化政策情境的具体影响因素,如图3.1所示。

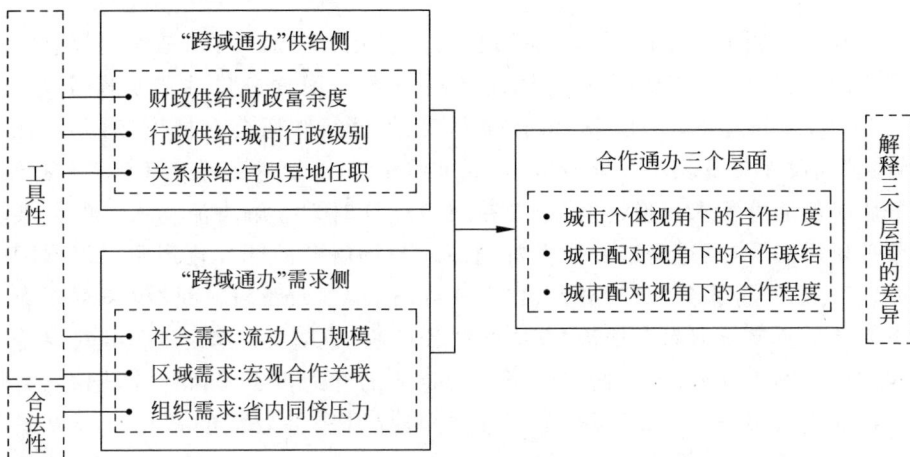

图 3.1 跨域政务合作:需求侧—供给侧框架

3.2　跨域政务合作：需求侧—供给侧框架

3.2.1　需求侧

管理理论中最经典的理论之一就是组织外部环境对组织内部运作的影响。当外部环境高度复杂，组织管理者必须同时处理多元目标的任务或提供多样化的服务和产品时，组织会追求和建立可以对抗复杂系统的新机制（McGuire & Silvia，2010；Scott & Davis，2007）。组织外部环境的复杂度甚至可以和组织内部结构的复杂度成正相关关系（Lawrence & Jay，1967；Thompson，1967）。考虑到组织内部无限创立机制和扩张职能的高昂成本，组织间开始发展合作关系，以期通过较低成本的资源互换对抗外部复杂的需求（Feiock，2013；McGuire & Silvia，2010）。

处于不同环境下的地方政府，对于政府间合作的需求程度也存在差异。例如，McGuire 和 Silvia（2010）发现城市过去发生气候灾害的概率影响了城市未来政府间协作的可能性；Chen 等（2019）发现跨省人口流动规模直接影响到城市间劳动力领域的政策合作。基于此，地方政府在"是否合作""与谁合作"和"合作多深"上同样会受到需求的影响。换言之，由环境所创造的合作需求会影响地方政府在"跨域通办"中的合作动力。

1. 社会需求：流动人口规模

在政务服务通办的情境下，解决"群众异地办事难"问题是地方政府的核心政策目标，城市流动人口规模是地方政府所面临的主要社会需求。2020 年，国务院在政务服务"跨省通办"政策例行吹风会上指出，通办旨在解决"我国 2 亿多流动人口，人员异地工作生活、企业跨区域经营活动"对政务服务的通办需求。换言之，通办在政策设计时旨在解决流动人口的公共服务供需问题，通过跨区域合作机制破除政务服务的碎片化现象。根据国办《意见》，政务服务"跨省通办、省内通办"的主要政策目标是"解决群众和企业异地办事难问题"，根治"多地跑""折返跑"等现象；其政策服务对象是我国庞大的流动人口，包括跨区域经营企业的异地员工等。此外，国办《关于扩大政务服务"跨省通办"范围 进一步提升服务效能的意见》（国办发〔2022〕34 号）要求"进一步提升服务效能，更好满足企业和群众异地办事需求"等。因此，政务服务通办合作中的社会需求即流动人口规模。

为此,城市承载的流动人口越多,推行"跨域通办"政策的需求就越迫切,因为庞大的流动人口会施加外部需求压力。换言之,流动人口规模是城市政府在"跨域通办"合作决策时在宏观环境层面的主要考虑。用一处访谈材料举例:

"看两个城市之间的人员流动和需求,业务量需求比较多的几个城市都去打听一下有没有合作意愿。"(访谈编号: YGZ211213)

2. 区域需求:宏观合作关联

在各地方政府繁多的政策和任务中,政务服务通办作为一件短期无直接经济回报的改革,其政策注意力的优先级并不高。通办所服务的对象不仅有流动人口,还有区域内各式宏观合作关联。① 审阅各级政府关于落实政务服务"跨省通办、省内通办"的文件,就可以发现区域需求的显著作用。《广东省推进政务服务"跨省通办、省内通办"工作方案》(粤办函〔2020〕286号)中提出"对标长三角、京津冀地区政务服务一体化的做法,积极推动泛珠三角区域政务服务'跨省通办⋯⋯围绕粤港澳大湾区'9+2'城市群之间企业和群众异地办事需求,进一步拓展不动产、税务、商事登记等领域政务服务跨境办理",指出了政务服务通办对泛珠三角区域、粤港澳大湾区等宏观层面城市间战略合作的服务作用。用一处访谈材料举例:

"之前看见 C 市和 Z 市签了一个合作战略协议,这个跨域通办就跟着来了。"(访谈编号: YGZ211210)

3. 组织需求:省内同侪压力

根据新制度主义理论中的合法性维度因素,城市作出合作各阶段决策时,会考虑组织整体理念和同侪环境,观察、学习、模仿以确保自身与组织整体理念一致,甚至与省内兄弟地市竞争任务绩效。中国政府间关系的研究,认为同省内相邻地市、经济水平相当地市,甚至省内其他所有地市均会给地

---

① 受限于数据客观不可得,本研究未将企业异地经营情况纳入理论框架和模型。虽然缺少企业需求数据,但有众多新闻报道证实,相较于上市公司或中大型企业,小微企业才是政务服务通办的主要服务对象。而小微企业的"办事人"已被纳入城市间流动人口规模并完成测算。综上所述,本研究略去企业情况不谈。新闻报道可见: 长三角征信链 | 数据共享互通支持异地经营企业[N/OL]. (2022-05-26)〔2024-12-31〕. https://www.thepaper.cn/newsDetail_forward_18285032; 肥城市人民政府. 肥城企业济南办 跨域通办真方便[EB/OL]. (2021-10-25)〔2024-12-31〕. http://www.feicheng.gov.cn/art/2021/10/25/art_215261_10299940.html.

方政府带来横向压力，这些横向压力均被视为同侪压力（朱旭峰、张友浪，2015）。政务服务通办改革是一项创新型政策，各省份、各地市尚处于改革浅水区的摸索阶段，地方政府需要参考同侪行为以确保自身组织行为合理性和合法性的需求，因此，从合法性维度的角度考虑，本研究将组织需求纳入需求侧。主要测量地方政府的同侪在合作三个层次中各自的绩效水平，并检验同侪压力对地方政府的作用。用一处访谈材料举例：

> "经常和省里沟通的时候就顺便问一下其他地市的进展情况。我总要知道全省平均线在哪里。"（访谈编号：YGZ211229）

需要说明，本研究有理由不考虑合法性维度中的上级压力。通过长三角、珠三角及与其毗邻的共 11 省份为落实国办《意见》精神而发布的省级政务服务"跨省通办、省内通办"政策文件，包括围绕通办工作印发的实施意见和工作方案等，可知省级政府未对城市的合作广度、合作联结和合作程度作出直接要求。个别省级文件仅仅鼓励城市因地制宜，可与人口重点流入流出省份、兄弟省份、对口支援省份、经济发达地区等实现"跨省通办"，但未点名具体通办城市对象，也没有对合作广度和合作程度的定性或定量要求。由此可见，城市在通办合作中拥有较大的自由裁量权，本研究主模型中不考虑通办工作中的省级压力。

11 省份中，只有广东和江苏两省通过文件对地市级别的政务服务通办工作进行细节指导和建议。尤其是广东省，直接设置了政务服务通办试点。《广东省人民政府办公厅 关于印发广东省推进政务服务"跨省通办、省内通办"工作方案的通知》中选取 11 个地市试点，并为这 11 个试点给出了合作联结省份的建议。政策原文为"选取珠海、佛山、韶关、梅州、东莞、湛江、茂名、肇庆、清远、潮州、云浮等 11 个地市开展试点，与福建、江西、湖北、湖南、广西、海南等省（区）相关地市主动沟通对接，结合实际开展点对点'跨省通办'"。后文中，为了更严谨地避免上级压力和纵向干预对合作行为的影响，笔者将这 11 个试点地市样本及其参与配对的二元"城市对"从整体样本中剔除，进行稳健性检验。

3.2.2 供给侧

组织禀赋会为地方政府间的合作提供资源支撑，影响组织的行为决策。而财政实力、资源储备、权力结构、领导注意力等一系列组织要素会尤其影响地方政府的合作决策。在政务服务"跨域通办"情境下，城市政府在财政、行政、个体关系上的资源供给水平是影响政务服务合作供给的主要供给侧要素。

1. 财政供给：财政富余度

合作业务的增设通常需要额外的财政支持，如设立专门的机构团队、组织编制和办公场地等（Warner et al.，2021）。在政务服务大厅另设"跨域通办"专窗、配置专窗人员和通信设备、开通政府网站"跨省通办""省内通办""跨域通办"等专栏并维护更新、启动专项工程项目、支付办理材料在合作城市间的邮寄费用等一系列相关工作均需要政府提供稳定的财政供给支撑。这些工作在短期内以"消耗性"为主，无法为地方带来直接的经济效益。为此，财政富余程度是地方政府在通办合作决策时一个供给侧层面的重要考量因素。用一处访谈材料举例：

"改革需要耐心，立项、资金，今年申请预算明年才拨下来，需要钱落实。"（访谈编号：YGZ211213）

2. 行政供给：城市行政级别

在中国，合作网络中的行动者在行政地位上往往不平等。例如，笔者的研究对象 155 个地级行政区中存在 15 个副省级城市。与普通地级市相比，副省级城市拥有更高的行政级别和更多的政策自主权。它们常常在社会经济发展方面更发达，规模也更大。副省级城市的领导人也与省级政府的关系更加密切。

西方地方政府间合作的研究多认为行政地位平等的城市间更容易维持平等合作，从而更多更深地达成合作（Ansell & Gash，2007；Lee et al.，2012）。然而，中国情景下行政地位相似的城市并不容易达成双边协议（Chen et al.，2019）。原因在于，一方面，中国城市的行政等级制度使得行政级别平等的城市较难分配合作的成本和收益，因为其中任何一方都不愿让另一方发挥主导作用。同时，由于其领导人通常处于相似的职业队列，需要通过政策绩效竞争晋升（Zhang & Zhu，2019）。对于行政地位不同的城市来说，协调行动、成本和收益分配都变得更容易（Yi et al.，2018；Liu et al.，2021）。

普通地级市与副省级城市合作是合适的，因为后者常常有更多的资源和权力可以贡献合作，从而两者关系中的相对优势一方也较为明显，不至于出现太大的分配风险（Dixon & Elston，2020；Yi et al.，2018）。在这两种观点下，政务服务通办中的行政级别资源因素也变得尤为重要。用一处访谈材料举例：

"城市级别真是一个很重要的影响。从现阶段来看，小城市都喜欢找大城市来做，这种合作更像是单向的。因为小城市对这个事情有宣传的需求。"（访谈编号：YGZ210501）

3. 关系供给：官员异地任职

微观行动者可以为政府间合作提供媒介渠道。地方政府间合作往往需要行动者在微观层面搭建起双方的沟通渠道（Leroux et al.，2010）。稳定的媒介渠道可以降低合作中的沟通谈判成本，在增进政府间互信共识、推动双方合作上发挥促进作用。既有文献通常聚焦政府领导的关系供给（例如，基于职业成长轨迹形成的网络），发现它们可以帮助合作双方更高效地传递可置信的信息咨询和政策偏好（Leroux & Carr，2010；Thurmaier & Wood，2002）。双边主政领导间较强的个人关系有助于降低合作中因沟通摩擦所带来的谈判成本和背叛风险（Feiock et al.，2012）。

由于政务服务隶属于政府系统的业务范畴，本研究聚焦地级行政区的主政官员（市长）作为"异地可办"主政官员与其他城市的关系资源。多篇中国地方政府间合作研究也验证了官员关联的正向促进作用（Chen et al.，2019；李响、陈斌，2020）。用一处访谈材料举例：

"L某（曾在 G 市工作，后调往 W 市任市长）你知道的吧？L 某一上来就说你们（W 市）去找 G 市调研去，找 G 市通办去。那我们赶紧多通啊。"（访谈编号：YGZ211201）

3.3　跨域政务合作的三个层面

本研究借鉴 Krueger（2005）、Krueger 和 McGuire（2005）、Kwon 和 Feiock（2010）的研究中将合作行为分维度分阶段的思路，同时结合笔者在广东省各级政务服务数据管理局[①]参与式观察所见，将合作行为区分为三个层面——合作广度、合作联结和合作程度，分别对应：（1）放眼全国所有城市，地方政府可以"合作多广"的行为逻辑；（2）聚焦某一确切的潜在合作城市，地方政府决定"是否合作"的行为逻辑；（3）对于已经确认达成合作的

---

① 2024 年，广东省各级政务服务数据管理局先后更名为政务服务和数据管理局，本书中均简称为政数局。

不同对象,地方政府单方面为此次合作"贡献多深"的行为逻辑。以下是对访谈中材料证据的选取,分别证明地方政府对于合作三层面的分化处理和自由裁量权:

"这个事情有个情怀在,省内(大多)都是我们主动找的,尽量多通。"(访谈编号:YGZ210501)

"所以我们年初就赶紧联系了你们(G 市),因为 G 市是我们的劳务人员输出大市、主要城市。"(访谈编号:QB211206)

"大环境决定了我们现在这就是跨域通办的第一阶段、原始阶段,对很多工作人员来说,'先通了吧''先通了再说''通了之后事项多少?那再说吧'。"(访谈编号:YGZ210501)

"(和其他城市的)协议确实是(2021 年)5 月就签了,可是他们到现在(2021 年 12 月)都没给我们事项清单。刚开始签协议不讨论事项数量啊。"(访谈编号:YGZ210501)

综上所述,本研究基于既有研究和田野情况,将地方政府间合作中双边关系的样态和机制分为以下三个层面分别探究。

3.3.1　合作广度

虽然参与合作可以帮助地方政府应对超越自身行政权限和能力支撑的公共服务难题,但是合作的出现和推广并非理所当然。政府组织面对外部需求超越自身权力或能力的情况时,会对需求规模和自身资源禀赋进行评估,进而决定是否参与合作。

需求规模是组织参与合作行为的激发条件和确定合作广度的根本因素,代表了工具性维度所面临公共问题的严重性,如公共服务不均等、公共产品的短缺、上级绩效考核等;还可以代表合法性维度的同侪压力,如省内兄弟地市对合作的参与情况等,因为这代表着组织的合法性需求。供给禀赋是组织考虑合作成本时最主要的因素,是指组织自身的资源供给能力,如财政富余、行政级别、官员关联等。

尤其在政务服务合作中,地方政府的合作广度可能存在差异——有的地方愿意参与更多的跨市合作,有的地方则不是。可能的原因在于各地会根据需求规模和供给禀赋来评估自身在合作中的成本收益和合法性获取。

3.3.2　合作联结

组织需要为自己匹配一个合作伙伴,不论是哪方主动,最终能够达成的合作都确认了双方无差别（无方向）的合作联结身份。不同的合作伙伴在需求和资源禀赋上不尽相同，相互间的信任度也存在差异，这会为双边合作带来不确定的成本和风险。

综合考虑工具性维度和合法性维度中地方政府间合作联结的逻辑，依然分为需求侧和供给侧两重面向。组织在挑选合作伙伴时，会权衡对方的需求规模和供给能力，并与自己进行对比。权衡对方的问题严重性、合作潜在收益、人财物资源水平后，估算合作关系是双赢还是有"搭便车"风险。最终选择执行成本较低、分配风险和背叛风险较小的伙伴。

3.3.3　合作程度

在签订通办协议，即确定合作伙伴之后，双方需沟通协调，明确本次合作的深度，并配备相应的保障机制。目前公共管理学科领域对本阶段探讨较少，原因在于可以阶段性量化深度的地方政府间合作实践很少。

结合文献和调研，本阶段依然沿用"需求侧—供给侧"框架，从工具性交易成本、工具性合作风险和合法性同侪效应这三个逻辑维度，对地方政府决策合作程度的动力机制进行验证。

3.4　主要研究假设

基于上述讨论，解释框架从需求侧和供给侧两个层面构建，具体包括：流动人口规模、宏观合作关联、省内同侪压力、财政富余程度、城市行政级别、官员异地任职等。另有一些经典影响因素作控制条件。本书的主要研究假设总结如下：

合作广度

H1：城市流动人口规模越大，城市参与合作的广度越高。

H2：城市宏观合作范围越广，城市参与合作的广度越高。

H3：城市的同侪合作广度越高，城市参与合作的广度越高。

H4：城市财政富余度越高，城市参与合作的广度越高。

H5：城市行政级别越高，城市参与合作的广度越高。

H6：城市官员若有过异地任职经历，则城市的合作广度更高。

合作联结

H7：两市间流动人口规模越大，二者合作联结的可能性越大。

H8：两市间若存在其他宏观合作关联，则二者更有可能达成合作联结。

H9：两市的同侪与对方合作的比例越大，二者合作联结的可能性越大。

H10：两市财政富余度差值越小，二者合作联结的可能性越大。

H11：两市若行政级别异质化，则二者更有可能达成合作联结。

H12：两市市长曾在对方城市任职时长越长，二者合作联结的可能性越大。

合作程度

H13：两市间流动人口规模越大，二者合作通办的程度越深。

H14：两市间若存在其他宏观合作关联，则二者合作通办的程度越深。

H15：两市的同侪与对方合作的程度越深，二者合作通办的程度越深。

H16：两市财政富余度差值越小，二者合作通办的程度越深。

H17：两市若行政级别异质化，则二者合作通办的程度越深。

H18：两市市长曾在对方城市任职时长越长，二者合作通办的程度越深。

3.5　本 章 小 结

本章构建市级政府政务服务"跨省通办、省内通办"中的地方政府间合作动力机制框架，即"跨域政务合作：需求侧—供给侧框架"。

首先，整合工具性交易成本逻辑、工具性合作风险逻辑和合法性同侪效应逻辑，紧密结合田野实践，从"需求侧—供给侧"两重面向构建了解释变量框架。其中，由于政务服务通办是一种授权型合作，合作主体间交互更紧密，对潜在合作的风险关注更多，因此研究着重考虑了工具性维度的动力因素。"需求侧"包含社会需求（点对点流动人口规模）、区域需求（点对点宏观合作战略）和组织需求（省内其他地市的合作绩效）。"供给侧"包含财政供给（城市财政富余度）、行政供给（城市行政级别）和关系资源（官员异地任职情况）。

其次，识别并区分了地方政府合作行为的三个层面，即合作广度（合作网络中的度数中心度）、合作联结（双边关系是否建立）和合作程度（双边关系所能达成的合作事项种类数量）。通过案例深描分析合作三个层面背后动力机制差异化的根本原因，即三层面行为逻辑的转换机制。

最后，基于以上讨论，提出本书的主要研究假设。

第4章　研究设计

本章主要介绍研究设计。第一部分着重介绍学术界近年来常用的混合研究方法,并讨论本研究与混合研究方法的逻辑适配性。第二部分讨论本研究所选取研究对象的原因和可行性,并介绍本研究的原创数据库——城市政务服务通办数据库。第三部分和第四部分分别介绍定量和定性的研究路径。

本研究的三个定量实证部分(第 5、6、7 章)分别探索三个被解释变量——合作广度、合作联结和合作程度,每部分的解释变量会因量化方法和视角有别而略微调整测算方法。所以在第 5、6、7 章的实证研究中分别对变量测量情况和描述性统计作介绍,未在本章中予以呈现。

4.1　整合式混合研究设计

在过去的几十年中,混合研究方法(Mixed-Method)在整个社会科学领域蓬勃发展,也被视为公共管理学科的一种可行的且有力的研究策略(Mele & Belardinelli,2019)。对混合研究的设计可以分为并行和有序两种。并行设计多见于三角验证,是通过两种方法去共同回答一个问题。并行设计中,不在乎定量和定性的先后顺序,它们各自独立。而有序设计则相反,定量与定性的顺序恰恰区别了研究思路。先定量后定性的形式被称为解释型混合设计,定性部分的存在是为了解释定量部分的结果,尤其是其中的反常识结果,更需要定性材料严密的推理。而先定性后定量的形式被称为探索型混合设计,定量部分的存在是为了测试和强化定性部分的创新(Creswell & Vicky,2018;Mele & Belardinelli,2019)。

而定量与定性的连接点应该在哪里?方法学文献指出,抽样就是先定量和后定性这两个部分的连接点。公共管理研究中绝大多数的混合式研究所选用的抽样形式是,在定量研究部分使用代表性抽样,在定性研究部分使用目的性抽样。例如,先定量分析一个面板数据集,后从样本中有目的地选出 1~2 个样本,通过半结构化访谈的形式进行定性分析。这种广泛运用

的、高度规范化的研究设计路径保证了研究结果的稳健（Mele &
Belardinelli,2019;Gilad,2021）。

本书使用有序混合研究设计中的先定量后定性的方式回答主要研究问
题。基于已有地方政府间合作文献和田野访谈构建定量解释框架，探索地
方政府间合作三个层面的组织行为逻辑，然后通过参与式观察和多人访谈
揭示各层面逻辑的转换机制。换言之，本研究首先通过定量分析识别合作
决策三层面的动力因素差异（第 5、6、7 章），其次通过质性分析揭示其差异
化的根本原因（第 8 章）。另外，依照公共管理研究中常用的组合抽样方式。
本研究的定量部分选用 155 个地级行政区组成的 11935 对"城市对"样本，
定性部分通过目的性抽样和滚雪球抽样选择广州市及其多个通办合作城市
为分析样本。

4.2 研究对象与数据情况

4.2.1 研究对象

首先，关于研究对象的行政级别。本研究关注地级行政区（包含地级
市、地区、自治州、盟四种类型）层级的政务服务。我国目前有国家—省—
市—县—乡五级政务服务体系。本研究从狭义的角度将关注对象界定为地
级行政区政府，将关注点放在地市级政务服务通办。

选择原因如下：第一，现实中，地级行政区是相对完整的行政单位。地
级行政区相较于县级/乡级，职能更完整、行为模式更齐全；相较于国家级/
省级，所提供的政务服务事项范围最广、数量最多，地级行政区因此成为推
进跨域通办的主要力量和队伍。政务服务机构曾是地级市层面的创新组织
产物，而后才推广建立了省级和县级政务服务机构（谭海波，2018）。第二，
理论上，政务服务是沟通公民与国家的桥梁，而政府与社会的种种互动，多
数在地级行政区层面集中地直接地展示（谭海波，2018）。第三，数据方面，
目前可得的通办数据的颗粒度最细单位就是地级行政区层面。因此兼顾数
据可得性与研究精细化，选用地级行政区。第四，中国地方政府间的合作实
践大多以地市级城市为单位，如对口支援、区域一体化、环境治理等。本研
究尝试与田野实践保持步调一致。对未来其他研究也得以有贡献和补充。
综上所述，本研究关注点为地市级政务服务跨域通办。

其次，关于研究对象的地理范围。本研究主要选用我国长三角、珠三角

及与其毗邻的共 11 个省份的 155 个地级行政区。这 11 个省份的选取标准是：长三角、珠三角覆盖省份，及长三角、珠三角覆盖省份的相邻省份。其中，长江三角洲地区包括上海市、江苏省、浙江省和安徽省，珠江三角洲覆盖广东省，长三角、珠三角覆盖省份的相邻省份有山东、河南、湖北、湖南、江西、广西和福建。长三角和珠三角是我国开放程度最高、人员流动最频繁、经济活力最强的区域。截至 2019 年，长三角地区人口总量达 2.27 亿人。截至 2021 年，珠三角地区人口总量达 0.68 亿人。不仅地区间劳动力流动频繁，两个地区与相邻省份也有极大的劳动力输入与输出关系。由于政务服务通办正是服务于跨域流动的群众和企业，所以应当考量长三角、珠三角地区及其毗邻省份。另外，政务服务"跨省通办、省内通办"工作的展开，是省份与省份合作、地市与地市合作。上海以直辖市身份直接与省级行政区合作，所以本书的研究对象不包括上海等直辖市。据此，相加共得到 11 个省份。

这 11 个省份整体覆盖我国 18.6% 的国土面积，包含 56.6% 的常住人口，贡献我国 61.2% 的国民生产总值。2020 年第七次全国人口普查数据显示，这 11 个省份的跨省流动人口规模在 8000 万以上[①]，省内流动人口规模在 1.3 亿以上[②]，对政务服务"跨省通办、省内通办"有着极大的需求。样本可以较好地展示中国政务服务通办的基本情况。另外，根据截至 2021 年 12 月 31 日的全国通办数据，合作联结基本出现在这 11 个省份中，西部地区和东北地区的通办联结都较为稀少。考虑到代表性原则，遂选用此样本。

4.2.2　原创数据库：城市政务服务通办数据库

笔者从全国各省级政务服务官方网站及平台手动收集了地市级城市的政务服务通办数据，建立了原创通办数据库，主要描述城市个体的通办合作参与度数中心度、各合作通办关系是否达成和各合作通办关系达成后的通办事项数量。对于本研究中主要使用的合作广度、合作联结和合作程度三个被解释变量，均从 2021 年年底和 2022 年中旬这两个时间节点抓取。为服务于后期的稳健性检验，合作广度和合作联结变量从整体合作、跨省合作和省内合作这三个类别收集并统计；合作程度变量受限于数据可得性仅收集省内合作类别。

---

①　由于各地公示数据标准不一，这里的跨省流动规模可能存在两省份间单向流动但被重复计算的可能。

②　截至本书成稿时，湖南省尚未公布其第七次人口普查流动人口数据。所以 11 省份的实际流动人口规模高于测算数据。

　　合作广度，即每个城市在"异地可办"合作网络的度数中心度，以该城市与多少城市达成了政务服务合作协议来表征，为离散（计数）变量。度数中心度越高，则在合作网络中居于更加核心的地位，合作广度越高。

　　合作广度变量的样本量为 155 个城市个体。合作广度变量的分类包括整体合作广度、跨省合作广度和省内合作广度。分别表征这 155 个城市在"整体通办""跨省通办"和"省内通办"中的合作广度。数据的来源是，笔者分别以 2021 年 12 月 31 日和 2022 年 5 月 13 日为时间节点，基于 11 省份的省级及地市级政务服务官方网站收集 155 个城市间的"异地可办"数据，并构建形成一个 155×155 的矩阵。其中，若两城市间达成通办，记为 1；若未通办，记为 0。

　　合作联结，即两市是否通办，为虚拟变量。分别以 2021 年 12 月 31 日和 2022 年 5 月 13 日为时间节点，对于任一"城市对"，如果双方就政务服务通办完成合作签约（开通通办），记为 1；否则，记为 0。该数据来源于 11 省份的省级及地市级政务服务官方网站。

　　合作联结的样本量为 $(155 \times 154)/2$ 个无向"城市对"，共 11935 对城市双边关系。合作联结的分类包括整体合作联结、跨省合作联结和省内合作联结，分别表征这 11935 个"城市对"在"跨省通办、省内通办""跨省通办"和"省内通办"中的合作联结情况。

　　合作程度，即两市之间互相开通通办的事项数量平均值，为离散变量。对于任一"城市对"A—B，如果双方开通"省内通办"，则取 A 向 B 提供的异地可办事项数量与 B 向 A 提供的异地可办事项数量的算数平均值；如果双方未开通"省内通办"，则记为 0，表示其间无通办事项。

　　关于本变量的取数范围，目前全国范围内只有广东省政务服务官网公开了政务服务通办中每一对合作"城市对"的通办事项目录。在数据可得性的客观条件下，合作程度选择广东省内 21 个城市之间的无向"城市对"为取数对象，样本量为 $(21 \times 20)/2 = 210$ 对。取数时间分别为 2021 年 12 月 31 日和 2022 年 5 月 13 日。

　　除以上在本研究中主要使用的数据外，笔者还收集了截至 2021 年 12 月 31 日的全国 333 个地级行政区的政务服务通办情况数据，样本量为 $(333 \times 332)/2$，共 55278 个"城市对"。该数据较为简单，只关注城市的通办合作联结情况，且不区分跨省合作联结和省内合作联结。其中，全国范围内地级行政区间的通办达成率为 4.3%。

　　另外需要指出，本研究使用的城市间人口流动情况、同侪合作情况、宏观合作情况、官员异地履职、官员"面对面"共同任职等数据也均为本人一手收集，具体取数方式和测算公式见第5、6、7章的变量测量部分。

4.3　定量研究：基于城市个体视角和城市配对视角

下面将定量检验"跨域政务合作：需求侧—供给侧"框架对地方政府间政务通办合作中合作广度、合作联结和合作程度这三个层面的解释力度。

4.3.1　个体视角检验合作广度

个体视角下，研究的分析单元是单独的城市个体，使用城市个体的数据展开实证分析。这是因为在合作研究中，并非所有的决策都是由合作双方协作作出。比如合作广度，是体现城市个体对自身的合作范围和规模的一种决策，或者说是一种预期管理。对合作广度来说，潜在合作伙伴本身的特征无关紧要，重要的是城市个体的条件与环境。

第5章对合作广度背后的动力机制进行探索。合作广度的测量选用城市参与通办网络的度数中心度，即城市个体参与通办合作的数量，检验了需求侧的流动人口规模、宏观合作关联、省内同侪压力，以及供给侧的财政富余度、城市行政级别、官员异地任职，共6个解释变量对城市个体合作广度的作用程度。控制变量选用了城市人均生产总值（取对数）。

在主回归后，对模型结果做3组稳健性检验：第1组是对被解释变量合作广度滞后半年取数，以排除因果倒置；第2组是按照省际边界分组回归，分为跨省通办组和省内通办组，进行地理情景的异质性分析；第3组是剔除11个省级通办试点城市样本，以排除省级压力纵向干预的竞争性解释。检验结果均与主回归结果保持一致，证明结论稳健。

4.3.2　配对视角检验合作联结与合作程度

配对视角下，研究的分析单元是两两城市所构成的"城市对"，可以基于关系型数据展开实证分析。配对视角常被用于考察解释政府间的双边合作行为（Chen et al.，2019；Minkoff，2013；锁利铭等，2018）。因为双边合作的属性是成对的，所以是否达成双边合作及合作的效果取决于合作中的双方，而非依靠单一组织或地区的特征。在构建解释模型时，既有研究也多围绕双方的二元关系构建解释变量，例如两个政府在制度、文化、资源上的相似度或差异度（Lundin et al.，2015；Minkoff，2013）。在政务服务通办中，两两城市间的事项通办是一种典型的地方政府间双边合作问题。在选择与哪些特定的城市签约以率先开展政务服务通办时,研究者需要同时考虑双方城市的关系型特征。换言之,每一个"城市对"中双方城市在需求和供给上的关系特征会影响二者达成合作协议的可能性和深度。

第 6 章对合作联结背后的动力机制进行探索。合作联结的测量选用任意两个城市间是否签约达成通办合作,若是,则为 1;否则,为 0。检验需求侧的两市间流动人口规模、两市间宏观合作关联、两市省内同侪压力之和,以及供给侧的两市间财政富余度差值、两市间城市行政级别差值、两市市长在对方城市任职时长,共 6 个解释变量对城市配对合作联结的作用程度。控制变量选用两市间人均地区生产总值差距(取对数)和两市间产业相似度。

在主回归后,对模型结果做 3 组稳健性检验:第 1 组是对被解释变量合作联结滞后半年取数,以排除因果倒置;第 2 组是按照省际边界分组回归,分为跨省通办组和省内通办组,进行地理情景的异质性分析;第 3 组是剔除 11 个省级通办试点城市样本,以排除省级压力纵向干预的竞争性解释。检验结果均与主回归结果保持一致,证明结论稳健。

第 7 章对合作程度背后的动力机制进行探索。合作程度的测量选用任意两个城市间互相提供的通办事项数量之和。检验需求侧的两市间流动人口规模、两市间宏观合作关联、两市省内同侪压力之和,以及供给侧的两市间财政富余度差值、两市间城市行政级别差值、两市市长在对方城市任职时长,共 6 个解释变量对两市合作程度的作用大小。控制变量选用两市间人均地区生产总值差距(取对数)和两市间产业相似度。需要说明,受限于数据可得性,目前全国范围内只有广东省公开了标准一致的跨市通办事项清单。因此,合作程度研究的解释力度仅限于广东省省内合作程度。

在主回归后,对模型结果做 3 组稳健性检验:第 1 组是对被解释变量合作程度滞后半年取数,以排除因果倒置;第 2 组是在解释变量中加入官员"面对面"共同任职时长变量,以核查遗漏变量;第 3 组是将通办事项中涉及国办《意见》的 140 项部委规定事项去除,精细化事项测算,进行异质性分析。检验结果均与主回归结果保持一致,证明结论稳健。

上述 3 章的定量研究,使用了理论框架(见图 3.1)中的主要解释变量,每组主回归的解释变量均为 6 个,控制变量根据数据结构作略微调整。这 3 章定量研究的主回归变量介绍见表 4.1。

表 4.1　定量分析中解释变量与控制变量分组介绍

		衡量城市个体	衡量无向二元"城市对"(A-B)	数据来源
自变量	社会需求 流动人口规模	春节返乡阶段城市流出人口规模	返乡阶段 A 流向 B 市人口＋B 流向 A 市人口	百度地图迁徙大数据平台
	区域需求 宏观合作关联	与多少个城市有除政务服务通办之外的宏观战略合作	A、B 之间是否有除政务服务通办之外的宏观战略合作(0-1 变量)	政府工作报告
	组织需求 省内同侪压力	同省内其他地市的广度平均值	A、B 各自的同侪联结/程度情况加和	各省级及地市级政务服务官方网站
	行政供给 城市行政级别	城市行政级别(0-1 变量)	A、B 行政级别差值(0-1 变量)	公开信息
	财政供给 财政富余度	(财政收入－财政支出)/财政收入	A、B 财政富余度差值	统计年鉴
	关系供给 官员异地任职	市长是否曾有 11 省份内其他城市任职经历(0-1 变量)	A、B 市长曾在对方城市任职时长加和；若均无任职经历，记为 0	人民网地方领导资料库
控制变量	经济发展程度	人均地区生产总值	A、B 人均地区生产总值差值	统计年鉴
	产业相似度	/	第一、二、三产业的同构系数	统计年鉴

需要说明，合作研究对变量的测算逻辑共包含三种类型：(1)条件满足，即"这个二元对是否满足这一条件"，常见虚拟变量；(2)结合，即某一属性值的总和；(3)差距，某一属性值的差值(Minkoff,2013)。本研究中各匹配二元"城市对"的变量测算方法均与主流合作研究保持一致。

4.4　定性研究：过程追踪

根据定量部分对各个假设的检验结果，得知地方政府间合作三个层面背后的行为逻辑不同。按照有序混合研究方法中的先定量后定性路径，定性部分主要通过对两个核心案例的过程追踪，探究和揭示其行为逻辑差异化的根本原因。

定性研究材料来源于笔者为期 4 个月的参与式观察，形成了近四万字

的田野笔记。另有时间跨越 2 年的、9 省份 18 地市的共 94 人次半结构化
访谈记录（访谈详细情况见附录 A）。辅以多地的政府文件、通办协议文本、
通讯稿、第三方评估报告等。另外,笔者直接参与了广州市与 2 个省外城市
的政务服务通办合作全流程,包括协议起草、现场签约、文本交换、事项梳
理、机制建立、后续跟进、通讯撰写等工作。跟班学习了广州市政务服务大
厅"跨域通办"专窗的业务工作,了解掌握了政务窗口人员受理材料的标准
流程,协助办理跨域通办业务,切身体验了政务服务窗口人员的工作规范。
综合以上质性材料,从中发展叙事逻辑连贯的地方政府间合作行为过程
追踪。

4.5　本 章 小 结

本研究使用有序混合研究设计中的先定量后定性的范式回答主要研究
问题。基于已有的地方政府间合作文献和笔者的田野访谈构建定量解释框
架,探索地方政府间合作三个层面的行为逻辑差异。然后通过参与式观察
和多人访谈揭示各层面的差异化由来。另外,依照公共管理研究中常用的
组合抽样方式。本研究的定量部分选用中国 155 个地级行政区组成的
11935 对"城市对"样本,定性部分通过目的性抽样和滚雪球抽样选择广州
市及其多个通办合作城市为分析样本。

研究将关注对象界定为地级行政区政府,将关注点放在地市级政务服
务通办。研究主要选用我国共 11 个省份的 155 个地级行政区。这 11 个省
份的选取标准是:长三角、珠三角覆盖省份,及长三角、珠三角覆盖省份的
相邻省份。包括江苏、浙江、安徽、广东、山东、河南、湖北、湖南、江西、广西
和福建。

定量分析识别合作三个层面的组织行为逻辑差异,检验"需求侧—供给
侧"框架对地方政府间合作中三个层面的解释力度,分别是:个体视角下检
验合作广度(第 5 章),配对视角下检验合作联结(第 6 章)和合作程度(第 7
章)。本书被解释变量的数据来自全国各省级、各地市级政务服务官方网
站,并建立了原创城市政务服务通办数据库;解释变量和控制变量的数据来
自多个公开数据平台。质性分析揭示其组织行为逻辑差异化的根本原因(第
8 章)。定性研究材料来源于笔者为期 4 个月的参与式观察所形成的近四万
字的田野笔记,另有时间跨越 2 年、9 省份 18 地市的共 94 人次半结构化访谈
记录,辅以多地的政府文件、通办协议文本、通讯稿、第三方评估报告等。

第 5 章　跨域政务合作广度的组织行为逻辑

5.1　个体视角下的合作广度

本节基于城市个体视角,重点考察需求侧和供给侧两个维度如何塑造我国 155 个城市在"异地可办"中的合作广度。合作广度(collaboration breadth)是指在多大程度上可以和更多的地方展开合作,常用合作伙伴的数量规模来表征(Andrews et al.,2020;Jung & Jeong,2013)。

就两类维度中各要素和高合作广度的理论预期关系:对于需求侧,第一,较大规模的流动人口会提高城市的合作广度。国务院办公厅政策吹风会及多份中央、省级层面的相关政策文件说明,政务服务"跨域通办"是一项旨在解决群众异地"办事难""往返跑"问题的服务型改革。基于工具性维度,自身拥有较大流动人口规模的城市必然面临着较大的跨区域政务服务供给需求。不论是从政策执行的角度,还是从服务民生的角度,这类城市都有更强的动力去和更多的城市签署合作协议,广泛参与通办合作,扩大自身"跨域通办"的"朋友圈"范围。因此,提出假设:

H1:城市流动人口规模越大,城市参与合作的广度越高。

第二,现存的宏观合作关联会提高城市政务服务通办合作的广度。笔者通过参与式观察与众多访谈发现,政务服务通办改革的核心政策目标是服务流动人口异地办事,而在基层执行的过程中,这一政策的次要政策目标是服务城市间已存宏观合作。例如《广东省推进政务服务"跨省通办、省内通办"工作方案》(粤办函〔2020〕286 号)中提出"积极推动泛珠三角区域政务服务'跨省通办'","围绕粤港澳大湾区'9+2'城市群之间企业和群众异地办事需求,进一步拓展不动产、税务、商事登记等领域政务服务跨境办理",指出了政务服务通办对泛珠三角区域、粤港澳大湾区等宏观层面城市间战略合作的服务作用。这在其他省份的政策文件中也多有体现。

一般来说,若两市之间存在宏观合作战略,例如"广佛同城""苏沪同城"等,则两市间的社会、经济、交通、文化、教育、医疗等众多领域的合作往来均会有所增加。也就是说,两市间人群流动和企业异地经营的强度和密度都会增加,对政务服务"跨域通办"的需求也会不断增加。如果一个城市和很多个城市同时存在这样的宏观合作关系,那么我们可以推测,这个城市对于通办合作广度有着更多更迫切的需求。因此,提出假设:

H2:城市宏观合作范围越广,城市参与合作的广度越高。

第三,同省内其他城市的高合作广度会提高该城市的合作广度。因为基于合法性维度,组织需求影响了城市对自身合作广度的要求。同省内城市横向间存在竞争关系,对于相同的政策要求,越好地完成政策目标和落实政策执行,越有利于彰显自身工作能力,为城市争取到更多的潜在政治资源。因此,提出假设:

H3:城市的同侪合作广度越高,城市参与合作的广度越高。

对于供给侧,富余的财政能力、较高的行政级别、密切的官员联系会提高城市的合作广度。因为这类城市有更强的组织资源、行政裁量权和沟通渠道来支撑跨区域政务服务供给的成本。换言之,与更多城市合作签约所带来的成本负担可以被既有的供给资源所覆盖。因此,提出假设:

H4:城市财政富余度越高,城市参与合作的广度越高。

H5:城市行政级别越高,城市参与合作的广度越高。

H6:城市官员若有过异地任职经历,则城市合作广度更高。

5.2 研究方法

本章采用普通最小二乘法(OLS)回归模型估计需求侧和供给侧两个维度中的六个要素对城市合作广度的影响。

样本量覆盖我国长三角、珠三角及其毗邻的共 11 个省份的 155 个城市。分析单元是城市个体。这 11 个省份是江苏、浙江、安徽、山东、河南、湖北、湖南、江西、广西、广东和福建。数据显示,各城市拥有参差不齐的合作广度,其中以"长三角"相关城市和"珠三角"相关城市最为活跃,地区间的差异化是本章研究的基础。

5.3 变量测量

5.3.1 被解释变量

合作广度,以每个城市在"异地可办"合作网络的度数中心度为被解释变量,即该城市与多少城市达成了政务服务合作协议。度数中心度越高,则在合作网络中居于更加核心的地位,合作广度越高。数据的来源是,笔者以2021年12月31日为时间节点,基于各省份、各城市政务服务官方网站收集的155个城市间"异地可办"数据,并构建形成一个155×155的矩阵。其中,若两城市间达成通办,记为1;否则,记为0。

5.3.2 解释变量

流动人口规模,以城市的流动人口数量作为测量指标。数据来源于百度地图迁徙大数据平台。本研究取用新冠疫情暴发前、2020年春节前期返乡阶段(1月10日至25日,共16天)的城市间人口流动数据。中国春节假期的前半程是返乡期,各个城市的工作人口或流动人口会在这段时间内返回家乡城市,即户籍所在地。全国范围内2020年春节的前半段返乡阶段未受到新冠疫情较大影响。人口学相关研究也证明疫情并未影响春节前期的返乡迁徙,只影响了春节后期的复工迁徙(童昀等,2020)。另外,百度地区迁徙大数据平台展示的2019年与2020年农历同期人口迁徙趋势对比图也验证了2020年春节返乡阶段人口迁徙规模与2019年保持一致。因此,将A城市春节返乡期内每日的人口迁出规模指数相加,即可得到当年春节的整体返乡情况,即工作/生活在A市的他市户籍人口规模。百度地图迁徙大数据平台描述的人口迁出规模指数为可横向对比的数据。计算公式如下:

$$A市流动人口规模 = \sum_{d=1}^{16} A市每日人口迁出规模指数 \qquad (5\text{-}1)$$

其中,d 指天数。

宏观合作关联,是指城市自身所关联的宏观合作数量,展示城市与多少个城市有除政务服务通办之外的宏观战略合作。数据来源于2021年155个城市的政府工作报告。

省内同侪压力,是指城市所能感知到的同省份内其他地级市的任务完成情况,数据来源于各省份、各城市政务服务官方网站。由于中国情境下的同侪压力主要来自同省份内的兄弟地市,所以此变量只衡量省份内城市所带来的横向压力。变量计算规则是算出同省份其他市的合作广度平均值。计算公式如下:

$$省内同侪压力 = \frac{\sum_{i=1}^{n} 省内其他城市的合作广度}{n} \qquad (5\text{-}2)$$

其中,i 指省份内城市;n 指本省份内除本市外的城市数量,即 $i-1$。

财政富余程度,以城市的财政富余度作为测量指标。数据来源于各省份、各城市统计年鉴(2021 年)。计算公式如下:

$$财政富余度 = \frac{(城市财政收入 - 城市财政支出)}{城市财政收入} \qquad (5-3)$$

城市行政级别,若城市为副省级城市,则记为 1;否则,记为 0。

市长异地任职经历,测量一个城市的市长是否曾在其他城市任职。若某城市 2020 年在任的市长曾在 11 省份内其他城市任职过,记为 1;否则,记为 0。对于 2020 年经历过市长换届的城市,我们以 2020 年 12 月在任的市长为准,因为他们直接负责 2021 年政府工作报告的构思和撰写,即负责本市 2021 年的政府工作基本规划。该数据来源于人民网地方领导资料库和各城市人民政府官方网站。

需要说明,政务服务通办制度是由国务院办公厅推动的转变政府职能、提升政府服务水平等一系列改革中的一项。各省份、各城市落实国办《意见》精神,所配套印发的通知和实施方案,均由省份、各城市人民政府(办公厅)直接发布。这项工作完全归属于政府职能。因而,在测量官员关联资源时,本研究仅选用城市当期市长履历,不选用市委书记履历。

5.3.3　控制变量

人均地区生产总值,选用城市 2020 年人均地区生产总值(取对数)。数据来源于各省份、各城市统计年鉴(2021 年)。

被解释变量、解释变量和控制变量的描述性统计分析见表 5.1,主要解释变量的相关性分析见表 5.2。

表 5.1　合作广度主回归变量描述性统计

变量	观测量	平均值	标准差	最小值	最大值
合作广度	155	13.948	10.808	0	38
流动人口规模	155	29.112	41.371	4.168	264.32
宏观合作关联	155	24.284	18.140	0	83
省内同侪压力	155	15.281	11.982	3.438	39.833
财政富余度	155	−1.896	1.494	−7.901	0.017
城市行政级别	155	0.097	0.297	0	1
市长异地任职经历	155	0.8	0.401	0	1
人均地区生产总值(取对数)	155	11.078	0.446	10.209	12.018

表 5.2　合作广度主回归解释变量的相关性分析(观测值：155)

解释变量	流动人口规模	宏观合作关联	省内同侪压力	财政富余度	市长异地任职经历	城市行政级别
流动人口规模	1.0000					
宏观合作关联	0.3815	1.0000				
省内同侪压力	0.0747	0.4822	1.0000			
财政富余度	0.4175	0.3097	0.2437	1.0000		
市长异地任职经历	0.6211	0.2893	−0.0116	0.3215	1.0000	
城市行政级别	0.0773	0.0212	−0.0109	0.0364	0.1091	1.0000

5.4　实证结果

表 5.3 汇报了 OLS 回归模型对合作广度的估计结果。为了增强稳健性,依次在模型中加入 2 个维度的解释变量和控制变量。模型 1 只考察了需求层面的流动人口规模、宏观合作关联和省内同侪压力。模型 2 在模型1 的基础上加入了供给层面的行政级别、财政富余度和官员异地任职经历。模型 3 在模型 2 的基础上加入了城市人均地区生产总值为控制变量。模型1、2、3 均通过了方差膨胀系数(variance inflation factor,VIF)检验。

我们以模型 3 来解读估计结果。需求侧层面,城市个体的流动人口规模系数显著为正($p<0.01$),其相关系数为 0.058。表明城市内部所含的流动人口规模越大,城市参与政务服务通办的合作广度越高。为此,假设 H1成立。省内同侪压力系数显著为正($p<0.01$),其相关系数为 0.728。表明城市所感知到的同侪压力越大,即省内其他兄弟地市的平均合作广度越高,则城市自身的合作广度也越高,符合合作研究中同侪环境对合作行为的作用机制。为此,假设 H3 成立。

回归结果表明城市的宏观合作关联、财政富余程度、城市行政级别和市长异地任职经历对城市合作广度并无显著作用。为此,假设 H2、假设 H4、假设 H5 和假设 H6 不成立。

上述结果表明,在 155 个城市之间"跨省通办、省内通办"的合作参与情况中,主要由需求侧发挥重要促进作用。**具体来说,当一个城市面临着较大规模流动人口需求和较大省内同侪压力时,城市更有可能高度参与政务服务通办合作。**

表 5.3 合作广度 OLS 回归结果

解释变量	被解释变量：合作广度（"跨省通办、省内通办"整体）		
	模型 1	模型 2	模型 3
	系数（标准误）	系数（标准误）	系数（标准误）
需求侧			
流动人口规模	0.068***	0.058***	0.058***
	(0.011)	(0.014)	(0.019)
宏观合作关联	0.003	−0.002	−0.003
	(0.028)	(0.028)	(0.028)
省内同侪压力	0.741***	0.728***	0.728***
	(0.040)	(0.040)	(0.041)
供给侧			
财政富余度		0.609*	0.583
		(0.314)	(0.309)
城市行政级别		0.521	0.492
		(1.800)	(1.634)
市长异地任职经历		−1.062	−1.062
		(1.030)	(1.013)
控制变量			
人均地区生产总值（取对数）			0.148
			(1.224)
_cons	0.578	3.128**	1.458
	(0.762)	(1.413)	(13.693)
N	155	155	155

注：括号中为稳健标准误；* 表示 $p < 0.10$，** 表示 $p < 0.05$，*** 表示 $p < 0.01$（双尾检验）。

5.5 稳健性检验

5.5.1 排除因果倒置

由于政务服务通办是一件正在进行中的改革，即使 2021 年年底的阶段性成果已趋于稳定[①]，但通办工作仍在推进中。为检验 2021 年年底的合作

---

① 舾公舫. 跨省通办的地方队要始终保持三种精神[EB/OL]. (2022-04-25)[2024-12-31]. https://mp.weixin.qq.com/s/XZsX6NH2avBXbpf0qPFE5w.

广度是否能够代表通办的阶段性成果，并检验基于样本量的实证结果是否稳定。本节将被解释变量合作广度的取数时间向后推至 2022 年 5 月 13 日。相应地，省内同侪压力、合作广度变量也在 2022 年 5 月 13 日更新取数，其他变量数据不变。以此对前文实证研究结果进行稳健性检验。

合作广度_2205，以每个城市在"异地可办"合作网络的度数中心度为被解释变量，即该城市与多少城市达成了政务服务合作协议。度数中心度越高，则在合作网络中居于更加核心的地位，合作广度越高。数据的来源是，笔者以 2022 年 5 月 13 日为时间节点，基于各省份、各地市政务服务官方网站收集的 155 个城市间"异地可办"数据，并构建形成一个 155×155 的矩阵。其中，若两城市间达成通办，记为 1；否则，记为 0。

省内同侪压力_2205，是指城市所能感知到的同省份内其他地市的任务完成情况，数据来源于各省份、各地市政务服务官方网站。由于中国情境下的同侪压力主要来自同省份内兄弟地市，所以此变量只衡量省份内城市所带来的横向压力。变量计算规则是算出同省其他市的合作广度平均值，计算公式如下：

$$省内同侪压力\_2205 = \frac{\sum\limits_{i=1}^{n} 省内其他城市的合作广度\_2205}{n} \qquad (5\text{-}4)$$

其中，i 指本省份内城市；n 指本省份内除本市外的城市数量，即 $i-1$。

两个滞后测量的变量描述性统计见表 5.4，稳健性检验模型结果见表 5.5。

表 5.4   合作广度稳健性检验变量描述性统计（排除因果倒置）

变量	观测量	平均值	标准差	最小值	最大值
合作广度_2205	155	15.458	10.458	0	41
省内同侪压力_2205	155	15.458	9.116	5.375	32.2

表 5.5   合作广度稳健性检验结果（排除因果倒置）

解释变量	被解释变量：合作广度_2205		
	模型 1	模型 2	模型 3
	系数（标准误）	系数（标准误）	系数（标准误）
需求侧			
流动人口规模	0.058***	0.044***	0.047***
	(0.015)	(0.018)	(0.018)
宏观合作关联	−0.003	−0.010	−0.007
	(0.028)	(0.028)	(0.029)

解释变量	被解释变量：合作广度_2205		
	模型 1	模型 2	模型 3
	系数（标准误）	系数（标准误）	系数（标准误）
需求侧			
省内同侪压力_2205	0.943 ***	0.931 ***	0.943 ***
	(0.049)	(0.052)	(0.054)
供给侧			
财政富余度		0.502	0.845 *
		(0.393)	(0.456)
城市行政级别		1.795	2.221
		(2.087)	(2.059)
市长异地任职经历		−0.695	−0.689
		(1.019)	(1.029)
控制变量			
人均地区生产总值（取对数）			−1.983 *
			(1.092)
_cons	0.722	1.354 **	23.585 *
	(0.787)	(1.680)	(12.513)
N	155	155	155

注：括号中为稳健标准误；* 表示 $p<0.10$，** 表示 $p<0.05$，*** 表示 $p<0.01$（双尾检验）。

对比表 5.3 与表 5.5，可知 6 条假设结果均通过稳健性检验。我们以模型 3 来解读检验结果，其中，流动人口规模与滞后半年取数的合作广度_2205 依然成正相关关系（$p<0.01$），相关系数为 0.047；省内同侪压力_2205 与合作广度_2205 依然成正相关关系（$p<0.01$），相关系数为 0.943。其他需求侧和供给侧变量，如宏观合作关联、财政富余度、行政级别和市长异地任职经历等，依然不能稳健呈现相关关系。

该稳健性检验通过将被解释变量滞后半年取数，以排除因果倒置的内生性因素。检验结果为通过，核心结论稳健。

5.5.2　异质性分析

已有研究证明行政边界对地方政府间合作、贸易等都具有一定的调节作用（Ki et al.，2020；Kwak et al.，2016；马草原等，2021）。政务服务"跨省通办、省内通办"改革自带省际边界划分条件，那么省际边界会不会成为影响通办合作效果的一个情境性因素？

国办《意见》中将"跨省通办"和"省内通办"作了明确区分，"跨省通办"是指政务服务事项通办所跨的行政边界超越了省际，而"省内通办"所跨的行政边界未超越省际。这种区分影响各省份、各城市人民政府所印发的政务服务通办通知与实施方案。有些地区仅以"跨省通办"命名相关文件标题；有些地区扩充范围，以"跨省通办、省内通办"共同命名文件标题，进而影响了各城市政府工作报告。在2021年各市政府工作报告中，笔者发现各地对"跨省通办"和"省内通办"的政策注意力进行了区分。有的城市在其政府工作报告的2021年计划工作中只写入了"跨省通办"而无"省内通办"；有的城市只写入了"省内通办"而无"跨省通办"；也有的城市将两者都写入工作计划或两者均未写入。

综上情况说明，中央及省级层面对"跨省通办"和"省内通办"的认知地位不同、工作机制不同，也有可能未来的考核力度和目标不同。因此，本研究对地方政府间的政务服务通办合作行为进行地理情景异质性分析，以检验模型结果稳健性。将被解释变量合作广度，分类为省内合作广度和跨省合作广度。

省内/跨省合作广度，以每个城市在"省内异地可办"/"跨省异地可办"合作网络的度数中心度为被解释变量，即该城市与多少个同省份/异省份的城市达成了政务服务合作协议。度数中心度越高，则在合作网络中居于更加核心的地位，合作广度越高。

以上两个变量的数据来源是，以2021年12月31日为时间节点，基于各省份、各城市政务服务官方网站收集的155个城市间"异地可办"数据，并构建形成一个155×155的矩阵。其中，若两城市间达成通办，记为1；否则，记为0。

省内同侪压力_省内/跨省合作，是指城市所能感知到的同省份内其他地市的省内/跨省合作任务完成情况，数据来源于各省份、各城市人民政务服务官方网站。由于中国情境下的同侪压力主要来自同省份内的兄弟地市，所以此变量只衡量省份内城市所带来的横向压力。变量计算规则是算出同省份其他市的省内/跨省合作广度平均值，计算公式如式(5-5)和式(5-6)所示。

$$省内同侪压力\_跨省合作 = \frac{\sum_{i=1}^{n} 省内其他城市的跨省合作广度}{n}$$

(5-5)

$$省内同侪压力\_省内合作 = \frac{\sum_{i=1}^{n} 省内其他城市的省内合作广度}{n}$$

$$(5\text{-}6)$$

其中,i 指省份内城市;n 指本省份内除本市外的城市数量,即 $i-1$。

市长省内/跨省异地任职经历。若某城市 2020 年在任的市长曾在本省份内其他城市/其他省份的城市任职过,记为 1;否则,记为 0。对于 2020 年经历过市长换届的城市,我们以 2020 年 12 月在任的市长为准,因为他们直接负责 2021 年政府工作报告的构思和撰写,即负责本市 2021 年的政府工作基本规划。该数据来源于人民网地方领导资料库和各城市政府官方网站。

六个新变量的描述性统计见表 5.6,稳健性检验模型结果见表 5.7。

表 5.6　合作广度稳健性检验变量描述性统计(异质性分析)

变量	观测量	平均值	标准差	最小值	最大值
省内合作广度	155	2.91	3.167	0	20
跨省合作广度	155	11.039	11.182	0	37
省内同侪压力_省内合作	155	2.91	2.336	0.1	7.95
省内同侪压力_跨省合作	155	12.371	12.802	2	38.9
市长省内异地任职经历	155	0.781	0.415	0	1
市长跨省异地任职经历	155	0.019	0.138	0	1

表 5.7　合作广度稳健性检验结果(异质性分析)

解释变量	被解释变量		
	合作广度	跨省合作广度	省内合作广度
	模型 1	模型 2	模型 3
	系数(标准误)	系数(标准误)	系数(标准误)
需求侧			
流动人口规模	0.058 ***	0.044 ***	0.015
	(0.019)	(0.017)	(0.011)
宏观合作关联	−0.003	−0.022	0.002
	(0.028)	(0.022)	(0.012)

续表

解释变量	被解释变量		
	合作广度	跨省合作广度	省内合作广度
	模型 1	模型 2	模型 3
	系数（标准误）	系数（标准误）	系数（标准误）
需求侧			
省内同侪压力	0.728 ***		
	(0.041)		
省内同侪压力_跨省合作		0.774 ***	
		(0.036)	
省内同侪压力_省内合作			0.908 ***
			(0.108)
供给侧			
财政富余度	0.583 *	0.339	0.155
	(0.309)	(0.284)	(0.164)
城市行政级别	0.492	−0.421	0.699
	(1.634)	(1.647)	(0.834)
市长异地任职经历	−1.062		
	(1.013)		
市长跨省异地任职经历		5.694 ***	
		(1.480)	
市长省内异地任职经历			−0.487
			(0.399)
控制变量			
人均地区生产总值（取对数）	0.148	0.867	−0.358
	(1.224)	(1.139)	(0.531)
_cons	1.458	−8.312	4.356
	(13.693)	(12.895)	(6.004)

注：括号中为稳健标准误；* 表示 $p < 0.10$，** 表示 $p < 0.05$，*** 表示 $p < 0.01$（双尾检验）。

对比表 5.7 中整体合作广度回归与跨省、省内分组合作广度回归的结果，可知除省内合作广度模型中流动人口规模的影响不显著以外，其余 5 条假设结果均通过稳健性检验。其中，流动人口规模与跨省合作广度依然成正相关关系（$p < 0.01$），相关系数为 0.044。省内同侪压力_跨省合作与跨省合作广度依然成正相关关系（$p < 0.01$），相关系数为 0.774；省内同侪压力_省内合作与省内合作广度依然成正相关关系（$p < 0.01$），相关系数为

0.908。其他需求侧和供给侧变量,如宏观合作关联、财政富余度和城市行政级别等,对 3 个被解释变量依然没有显著影响。

通过模型 2 发现,市长的跨省资源正向促进跨省合作广度。其正相关关系显著($p<0.01$),相关性系数为 5.694。市长的省内资源对省内合作广度无显著作用。这是因为省内兄弟地市间互相熟悉、了解,在除政务服务以外的多个领域都存在沟通桥梁,不需要完全依赖市长的任职经历来创建合作可能性;而跨省合作对官员的任职经历有更大的依赖。

该稳健性检验将样本依照省际边界分组,将合作行为分为跨省合作和省内合作两种,以检验异质性结果。检验结果为基本通过,核心结论稳健。

5.5.3　排除竞争性解释

政务服务"跨域通办"工作由国务院办公厅直接推进,在 2020 年 9 月《意见》发布之后,各省级人民政府办公厅也相应转发并印发推进本省份通办工作的政策文件。通过核查本研究所涉及的 11 个省份发布的省级政务服务"跨省通办、省内通办"政策文件(见表 5.8),发现大部分省级政府仅仅鼓励城市因地制宜,可与人口重点流入流出省份、兄弟省份、对口支援省份、经济发达地区等实现"跨省通办",但未点名具体通办城市对象,也没有对合作广度和合作程度的定性或定量要求。说明城市在通办合作中拥有较大的自由裁量权,几乎未受到纵向干预的影响。因此,本研究在主回归中未纳入对省级政府压力的考量。

其中,只有广东和江苏两省通过文件对地市级别的政务服务通办工作进行细节指导和建议。尤其是广东省,直接设置了政务服务通办试点。

表 5.8　11 省(自治区)的省级政务服务通办工作文件

省 (自治区)	通办政策文件名称	国办《意见》要求的规定动作之外的鼓励市级跨域通办的相关的表述(这里仅列出异地可办途径)
广东	广东省人民政府办公厅关于印发广东省推进政务服务"跨省通办、省内通办"工作方案的通知(2020)	选取珠海、佛山、韶关、梅州、东莞、湛江、茂名、肇庆、清远、潮州、云浮等 11 个地市开展试点,与福建、江西、湖北、湖南、广西、海南等省(区)相关地市主动沟通对接,结合实际开展点对点"跨省通办"。对标长三角、京津冀地区政务服务一体化的做法,积极推动泛珠三角区域务服务"跨省通办"

续表

省（自治区）	通办政策文件名称	国办《意见》要求的规定动作之外的鼓励市级跨域通办的相关的表述（这里仅列出异地可办途径）
福建	福建省人民政府办公厅关于印发福建省加快推进政务服务"跨省通办""省内通办"实施方案的通知（2020）	无
江西	江西省人民政府办公厅关于印发加快推进政务服务"跨省通办""省内通办"工作方案的通知（2020）	在国家要求基础上，积极推动我省与人口重点流入省份开展深度"跨省通办"，鼓励支持各设区市积极与周边省份相邻城市开展点对点"跨省通办"。严格落实国家"跨省通办"要求，强化与兄弟省份沟通衔接
河南	河南省人民政府办公厅关于印发进一步优化营商环境更好服务市场主体实施方案的通知（2020）	无
湖南	湖南省人民政府办公厅关于印发《湖南省加快推进政务服务"跨省通办"实施方案》的通知（2020）	推动我省更多"一件事一次办"事项与毗邻省份、重点劳务输入输出地、东西部协作地区实现"跨省通办"，鼓励各市州、县市区与外省市县点对点开展"跨省通办"
山东	山东省人民政府办公厅印发关于做好政务服务"跨省通办"和"全省通办"有关工作的通知（2020）	鼓励各市、县（市、区）因地制宜推出更多区域通办、点对点通办、区域联办等服务，最大程度便民利企
江苏	江苏省人民政府办公厅印发关于加快推进政务服务"省内通办""跨省通办"实施方案的通知（2020）	深化我省对口帮扶支援合作工作，与陕西、贵州、青海、新疆、西藏、辽宁等省区探索建立政务服务"跨省通办"机制，梳理一批"跨省通办"事项。鼓励各地区各部门结合实际，在共建合作的基础上，深化政务服务合作，定向建立跨省、跨市办理政务服务事项机制，服务保障企业群众办事创业
浙江	浙江省人民政府办公厅关于加快推进政务服务"跨省通办""全省通办"工作的实施意见（2020）	以长三角政务服务"跨省通办"为重点，积极探索区域间"跨省通办"，聚焦在浙人员及我省在外创业人员的政务服务办事需求，对接劳动力输出输入、东西部协作等事项和经济发达地区的意向合作单位，签订双方或多方"跨省通办"协议

续表

省 （自治区）	通办政策文件名称	国办《意见》要求的规定动作之外的鼓励市 级跨域通办的相关的表述（这里仅列出异地 可办途径）
湖北	湖北省人民政府办公厅关于印发湖北省推进政务服务"跨省通办"实施方案的通知（2020）	鼓励各市州根据实际探索推进与外省市"跨省通办"，与省内其他市州开展"省内通办"
安徽	安徽省人民政府办公厅关于印发安徽省加快推进政务服务"跨省通办"工作方案的通知（2020）	在全国高频政务服务"跨省通办"事项清单基础上，协同沪苏浙进一步拓展"跨省通办"范围和深度，为长三角区域协调发展提供支撑保障。支持劳动力输出输入、东西部协作等省（区、市）点对点开展"跨省通办"。支持各地各单位拓展深化，推动更多政务服务事项"省内通办"。聚焦皖浙闽赣四省相关边际城市先行先试，支持各市围绕劳动力输入输出、东西部协作等，与省外对口城市开展点对点"跨省通办"
广西	广西壮族自治区人民政府办公厅关于印发广西政务服务"跨省通办"实施方案的通知（2021）	鼓励各设区市根据实际情况，以设区市为单位与外省（区、市）开展市级层面"跨省通办"，满足特定地区"跨省通办"需求，推动"跨省通办"精细化精准化。从临近省（区、市）、京津冀、粤港澳大湾区、长三角、成渝等地区开始，建立合作机制，点对点开展"跨省通办"。进一步拓展"跨省通办"范围和深度，为区域协调发展提供支撑保障

为了排除这种内生性因素——省级纵向干预的竞争性解释，本节将剔除广东省的 11 个试点城市样本，并使用剩余的 144 个城市个体样本检验主回归模型结果。

新样本的描述性统计见表 5.9，稳健性检验模型结果见表 5.10。

表 5.9 合作广度稳健性检验变量描述性统计（排除竞争性解释）

变量	观测量	平均值	标准差	最小值	最大值
合作广度	144	14.076	11.108	0	38
流动人口规模	144	27.914	38.941	4.168	264.32
宏观合作关联	144	24.549	18.483	0	83

变量	观测量	平均值	标准差	最小值	最大值
省内同侪压力	144	15.444	12.419	3.438	39.833
财政富余度	144	−1.869	1.508	−7.901	0.017
城市行政级别	144	0.104	0.307	0	1
市长异地任职经历	144	0.792	0.408	0	1
人均地区生产总值（取对数）	144	11.086	0.444	10.209	12.018

表 5.10　合作广度稳健性检验结果（排除竞争性解释）

解释变量	被解释变量：合作广度（"跨省通办、省内通办"整体）		
	模型 1	模型 2	模型 3
	系数（标准误）	系数（标准误）	系数（标准误）
需求侧			
流动人口规模	0.069***	0.058**	0.058**
	(0.020)	(0.026)	(0.027)
宏观合作关联	−0.004	−0.008	−0.008
	(0.029)	(0.028)	(0.029)
省内同侪压力	0.744***	0.733***	0.733***
	(0.041)	(0.042)	(0.042)
供给侧			
财政富余度		0.576**	0.580*
		(0.269)	(0.308)
城市行政级别		0.621	0.625
		(2.044)	(2.045)
市长异地任职经历		−0.980	−0.980
		(1.057)	(1.060)
控制变量			
人均地区生产总值（取对数）			−0.021
			(1.298)
_cons	0.751	3.111**	3.351
	(0.717)	(1.352)	(14.498)
N	144	144	144

注：括号中为稳健标准误；* 表示 $p<0.10$，** 表示 $p<0.05$，*** 表示 $p<0.01$（双尾检验）。

对比表 5.3 与表 5.10，可知除财政富余度与合作广度成正相关关系以外,其余 5 条假设结果均通过稳健性检验,核心结论稳健。以模型 3 为分析对象,剔除 11 个受到省级纵向干预的城市样本之后,流动人口规模与合作广度依然成正相关关系($p<0.05$),相关系数为 0.058;省内同侪压力与合作广度依然成正相关关系($p<0.01$),相关系数为 0.733。而财政富余度在这里呈现了与主回归不同的检验结果。主回归中,财政富余度对合作广度的正向促进作用并不稳健,所以前文认为假设 H4 不成立。然而,剔除 11个城市样本之后,财政富余度与合作广度成正相关关系($p<0.1$)。其他需求侧和供给侧变量,如宏观合作关联、城市行政级别和市长异地任职经历等,与合作广度间的关系依然不显著。

该稳健性检验通过剔除 11 个可能受到省级纵向干预的城市样本,以排除竞争性解释等内生性因素。检验结果为基本通过,核心结论稳健。

5.6　本章小结

本章基于城市个体视角,重点考察需求侧和供给侧两个维度的 6 个要素如何塑造我国 155 个城市在"异地可办"中的合作广度。主回归结果显示主要由需求侧发挥促进合作的作用。具体来说,当一个城市面临着较大规模流动人口需求和较大省内同侪压力时,城市更有可能高度参与政务服务通办合作。

对模型结果进行 3 组稳健性检验,分别是:对被解释变量合作广度滞后半年取数,以排除因果倒置;按照省际边界分组回归,分为跨省通办组和省内通办组,进行地理情景的异质性分析;剔除 11 个省级通办试点城市样本,以排除省级压力纵向干预的竞争性解释。核心结论稳健。除验证核心结论外,还验证了官员跨省任职经历对城市跨省合作广度的正向促进作用。

合作广度通常是地方政府在部署政务服务通办工作初期的重要决策点。首先,地方政府会依据上级文件精神,包括国办《意见》和省级政府指导意见,综合考虑政府所面对的城市需求和政府自身所能提供的资源禀赋能力。前者包括政策核心关注点——城市所含流动人口数量、占比、增长率等,因为这些情况决定了地方政府实行政务通办改革的基础和基本目标。其次,需求中还包括同侪环境所构建的组织合法性需求,中国地方政府间长期维持竞争关系,即使在合作行为中也时常展现"又合作又竞争"的博弈局面(Liu et al.,2021),面对相同的政策任务,同侪如何执行、展现怎样的绩效,都会通过政府对外界合法性的需求传导至自身。

　　而通过对跨省通办和省内通办的分组回归，也发现了官员异地任职在跨省通办合作中的特殊作用。相比于省内地级市间的频繁往来和友好交流，跨省地级市间常常呈现无关联状态，市长的跨省履职经历在城市间合作中起到了良好的促进作用。因此，其市长拥有跨省履职经历的城市也展现出更广的合作参与度，为日后全面推进政务服务跨省通办打下良好基础。

　　综合以上模型结果，可以明确需求侧对整体合作广度的重要促进作用。以符合工具性维度下政策预期为代表的社会需求——流动人口规模，以及符合合法性维度下的组织需求——省内同侪压力，均正向影响城市个体的合作广度。

第6章　跨域政务合作联结的组织行为逻辑

6.1　无向配对视角下的合作联结

哪些"城市对"更容易在"跨域通办"中签署双边合作协议？换言之，城市更愿意和具备什么特征的城市成为合作伙伴？本章将在配对视角下讨论，在需求和供给两个层面上具备哪些特征的"城市对"更容易签署合作协议，即联结问题。本节在需求侧的分析要素包括两市间流动人口规模、两市宏观合作关联和两市省内同侪压力，在供给侧的分析要素包括两市财政富余度差值、两市行政级别差值和两市市长在对方城市任职时长。就各类要素和城市间双边合作与否的理论预期关系分析如下。

对于需求侧，如果一个"城市对"相互间的流动人口规模较大，那么二者更有可能签约合作。因为在这种环境下，政务服务通办的潜在受益人群较为广泛，双方都可以通过签约合作缓解流动人口规模过大所带来的政务服务压力，因此有较强的通办需求，这有助于二者在合作中形成共识，降低信息成本和谈判成本，夯实合作基础。相反，如果两个城市间的相互流动人口规模较小，代表这两者之间并无太多人员往来，那么二者的签约合作对于解决各自外出人口异地办事难的问题效果有限。为此，双方签约合作的动力相对较弱。因此，提出假设：

H7：两市间流动人口规模越大，二者合作联结的可能性越大。

两个城市间是否存在除政务服务通办外的其他更加宏观层面的战略合作，是两市政务服务通办的需求条件之一。在城市规划和建设中，政务服务是一项非经济性也非高收益的任务，政务服务改革的优先性并不如宏观经济发展、区域一体化建设、产业链共组共建等重要。政务服务通办除了直接解决群众和企业异地办事难的问题之外，还需要服务于城市的其他战略合作。笔者在诸多政府文件中看到，城市政府将政务服务通办工作归在"长三角一网通办""对口帮扶城市合作""苏皖合作区示范"等议题下[①]，这说明了宏观合作关联对政务服务通办的区域需求。因此，提出假设：

H8：两市间若存在其他宏观合作关联，则二者更有可能达成合作联结。

组织需求在合作联结方面也可能发挥重要作用。当 A 市与 B 市在考虑合作时，若 A 市所在省份的其他城市均与 B 市开通了通办，从合法性维度来看，A 受到同侪环境的压力，自身也很有可能随大流选择 B 为合作伙伴，而不愿意成为"特立独行"的那一个；从同侪学习和同侪模仿的视角来看，若同侪城市都与 B 开通了通办，则侧面说明与 B 通办的重要性，也说明与 B 通办的成本和风险都是较为合理可控的，基于兄弟地市的经验，A 也更有可能和 B 达成合作联结。反之，亦然，B 市在考虑是否与 A 达成合作联结时，也会受到 B 的同侪的影响。因此，提出假设：

H9：两市的同侪与对方合作的比例越大，二者合作联结的可能性越大。

对于供给侧，笔者认为如果一个"城市对"中的两个城市拥有类似的财政水平，那么二者更可能选择对方为合作伙伴。既有文献发现，政府在选择合作伙伴时会遵循相似性逻辑，倾向于那些和自己具有类似特征的对象，因为双方在能力、认知和动机上更加一致，沟通成本较低，合作中更容易平等地分配利益，共担风险，减少"搭便车"现象（Cao et al.，2019；Knoben & Oerlemans，2006；锁利铭等，2018）。较大资源能力差异则可能构成合作的障碍（Liu et al.，2021）。尤其对于政务服务通办相关工作，需要双方在合作中都投入额外的行政资源以支撑通办业务。如果其中一方因为财政支撑能力不足而中途放缓或暂停相关业务，那么另一方将承担较高的执行成本和背叛风险，合作往往难以为继。因此，提出假设：

H10：两市财政富余度差值越小，二者合作联结的可能性越大。

从行政级别的角度考虑，如果一个"城市对"中的搭配为副省级城市—普通城市，那么二者更可能实现合作联结。一方面，在中国行政地位相似的城市并不容易达成双边协议（Chen et al.，2019）。原因在于，中国城市的行政等级制度使得行政级别平等的城市较难分配合作的成本和收益，因为其

---

　　① 常州市人民政府办公室．关于加快推进政务服务"市域通办""省内通办""跨省通办"的实施方案［EB/OL］．（2021-12-23）［2024-12-31］．https://www.changzhou.gov.cn/gi_news/530164024202653．

中任何一方都不愿让另一方发挥主导作用。同时，由于他们的领导人通常处于相似的职业队列，需要通过政策绩效竞争晋升(Zhang & Zhu,2019)。另一方面，对于行政地位不同的城市来说，协调行动、成本和收益分配都变得更容易(Yi et al.,2018;Liu et al.,2021)。与普通地级市相比，副省级城市拥有更高的行政级别和更多的政策自主权。它们常常在社会经济发展方面更发达，经济规模也更大。副省级城市的领导人也与省级政府的关系更加密切。普通地级市与副省级城市合作是合适的，因为后者常常有更多的资源和权力可以贡献合作，从而其关系中的相对优势一方也较为明显，不至于出现太大的分配风险(Dixon & Elston,2020;Yi et al.,2018)。因此，提出假设：

H11：两市若行政级别异质化，则二者更有可能达成合作联结。

对于供给侧中的官员关系资源，我们关注基于市长履历所形成的双边关系。既有文献显示，地方行政长官的关系网络对于地方间合作的形成至关重要(Leroux & Carr,2010;Thurmaier & Wood,2002)。因为这些关系网络可以为合作双方的沟通协调提供额外的媒介渠道，有助于通过非正式机制降低双方的信息不对称，增强互信。在中国，由干部异地调任所形成的异地履职经历是形成官员个人关系资源的重要机制，并对地方间的政策学习、合作有重要的促进作用(朱旭峰、张友浪,2015)。可以推断，两市市长曾在对方城市任职的时间越长，则对对方城市的经济社会发展和政府运作信息了解更加全面。双方市长在对方城市的政府关系供给也会帮助两地更高效地沟通合作，从而倾向于和对方达成合作联结。因此，提出假设：

H12：两市市长曾在对方城市任职时长越长，二者合作联结的可能性越大。

6.2　研究方法

本章采用配对 Logit 模型估计需求和供给两个层面对两市间合作通办的影响效应。研究对象是我国长三角、珠三角及其毗邻的共 11 个省份内的 155 个城市结成的双边对子，共 11935 对，分析单元是"城市对"。配对 Logit 模型以二元对子为分析单元，广泛应用于估计地方政府间的学习、合作行为(Lundin et al.,2015;Minkoff,2013)。同时，由于两两城市间一旦签约实现政务服务通办，双方都自动被纳入到双边合作关系中，互相向对方授予收件权，为对方的流入人口提供"异地可办"服务。换言之，"城市对"

A—B和B—A是相同的。这种无方向的合作关系可用非定向，即无向配对模型估计。为此我们拥有(155×154)/2个无向"城市对"，样本量为11935。

二元配对Logit回归是传统Logit回归的一种替代方法。研究关系问题的学者——不限于合作关系，还有竞争关系、贸易关系等——常依靠配对法将双边关系简化为二元对子(Dyads)，因为任何关系的属性都是成对的，而非依靠单一组织或地区的特征(Chen et al.，2019)。配对可以进一步根据是否有方向而分为有向配对和无向配对，例如，当我们研究组织A向组织B学习时，这种关系就自带方向属性(Zhang & Zhu，2020)；当我们研究组织A和组织B之间的地理邻近性和劳动力相似度时，这种关系就是无向属性的，因为地理距离和劳动力相似度本身并不存在方向(Chen et al.，2019)。

对应本书的跨域通办双边合作研究，笔者调研发现尽管在合作早期，会有一方城市主动邀约或探索合作的可能性，但经过沟通和协调，最终达成的跨域通办合作机制都是双方平等、互相授权的。这种授权型合作机制，不存在某一方单独向另一方授权却得不到对方回应的情况，所有的跨域通办合作协议都注明双方均须向对方授权。基于此，本研究选用无向配对Logit回归。

6.3　变量测量

合作研究对变量的测算逻辑共包含三种类型：(1)条件满足，即"这个二元对是否满足这一条件"；(2)结合，即某一属性值的总和；(3)差距，某一属性值的差值(Minkoff，2013)。本章的变量测算方法契合主流合作研究。其中，被解释变量"合作联结"、解释变量"两市宏观合作关联"遵循上述第一种类别；解释变量"两市间流动人口规模""两市省内同侪压力""两市市长在对方城市任职时长"遵循上述第二种类别；解释变量"两市财政富余度差值""两市行政级别差值"，控制变量"两市经济发展差距""两市产业相似度"遵循上述第三种类别。

6.3.1　被解释变量

合作联结，即两市是否达成政务服务"通办"合作伙伴关系，为0-1虚拟变量。截至2021年12月31日，对于任一"城市对"，如果双方就政务服务通办完成合作签约(开通通办)，记为1；否则，记为0。该数据来源于各省份、各地市政务服务官方网站。

6.3.2　解释变量

两市间流动人口规模，以两个城市之间的流动人口数量作为测量指标。数据来源于百度地图迁徙大数据平台，所取时间与 5.3.2 节一致，为 2020 年春节前期返乡阶段（1 月 10 日至 25 日，共 16 天）。计算公式如下：

从 A 市流入 B 市的每日人口规模
= B 市每日人口流入规模指数 × A 市流入 B 市每日人数占比　　　(6-1)

从 A 市流入 B 市的平均人口规模

$$= \frac{\sum_{d=1}^{16} 从 A 市流入 B 市的每日人口规模}{16} \qquad (6-2)$$

两市间流动人口规模
= 从 A 市流入 B 市的平均人口规模 + 从 B 市流入 A 市的平均人口规模

(6-3)

其中，d 指天数。人口迁入规模指数和 A 市迁入 B 市每日人数占比均来自百度地图迁徙大数据平台。

两市宏观合作关联，表征两个城市之间是否有除政务服务通办之外的宏观层面的战略合作框架，如"京津冀交通一体化""广佛同城"等。该数据为 0-1 虚拟变量，两市间若存在宏观合作关联，则记为 1；否则，记为 0。数据来源于各城市 2021 年政府工作报告。

两市省内同侪压力，指两个城市分别所能感知到的同省份内其他城市与对方的通办比例之和。数据来源于各省份、各城市政务服务官方网站。计算公式如下：

$$A 市省内同侪压力 = \frac{A 市所在省份的其他城市中与 B 合作的城市数量}{A 市所在省份的其他城市数量}$$

(6-4)

$$B 市省内同侪压力 = \frac{B 市所在省份的其他城市中与 A 合作的城市数量}{B 市所在省份的其他城市数量}$$

(6-5)

两市省内同侪压力 = A 市省内同侪压力 + B 市省内同侪压力　　　(6-6)

两市财政富余度差值，以此测量一个"城市对"中双方的财政富余程度差值。各市财政富余程度计算公式见式(5-3)，数据来源于各省份、各城市统计年鉴(2021 年)。

两市行政级别差值，若两市中有一市为副省级城市，另一市为普通城市，则记为1；否则，记为0。

两市市长在对方城市任职时长，测量一个"城市对"中双方市长曾在对方城市任职时长（年）的和。如果没有任职经历，则记为0。该数据来源于人民网地方领导资料库和各城市政府官方网站。需要说明，政务服务通办制度是由国务院办公厅推动的转变政府职能、提升政府服务水平等一系列改革中的一项。各省份、各城市落实国办《意见》精神，所配套印发的通知和实施方案，均由人民政府（办公厅）直接发布。这项工作完全归属于政府职能。因而，在测量官员关联资源时，本研究仅选用城市当期市长履历，不选用市委书记履历。

6.3.3　控制变量

两市经济发展差距，指一个"城市对"中双方的人均地区生产总值的差距（取对数）。数据来源于各省份、各城市统计年鉴（2021年）。

两市产业相似度，测量一个"城市对"中双方的产业同构系数。产业同构系数是对产业相似程度的一种测度，目前使用比较普遍的指标是联合国工业发展组织（United Nations Industrial Development Organization，UNIDO）国际工业研究中心提出的同构系数（Similar coefficient），其计算公式为：

$$两市产业相似度 = \sum_{k=1}^{n} \frac{X_{Ak}X_{Bk}}{\sqrt{\sum_{k=1}^{n}X_{Ak}^2 \cdot \sum_{k=1}^{n}X_{Bk}^2}} \tag{6-7}$$

其中：A、B分别表示两个相比较的城市，n表示产业数，且$k=1,2,3$；X_{Ak}表示产业k在A市所有产业中的比重；X_{Bk}表示产业k在城市B所有产业中的比重。该系数的意义是：当两市产业相似度为1时，表示两市产业结构完全一致，当两市产业相似度为0时，表示两市产业结构完全不同。

本节的被解释变量、解释变量和控制变量的描述性统计详见表6.1，主要解释变量之间的相关性分析见表6.2。

表 6.1　合作联结主回归变量描述性统计

变量	观测量	平均值	标准差	最小值	最大值
合作联结	11935	0.09	0.286	0	1
两市间流动人口规模	11935	1.999	8.96	0	338.951

续表

变量	观测量	平均值	标准差	最小值	最大值
两市宏观合作关联	11935	0.157	0.364	0	1
两市省内同侪压力	11935	0.091	0.217	0	1
两市财政富余度差值	11935	1.605	1.375	0	7.918
两市行政级别差值	11935	0.175	0.380	0	1
两市市长在对方城市任职时长	11935	0.196	2.055	0	63
两市产业相似度	11935	0.974	0.029	0.711	1
两市经济发展差距	11935	10.033	1.192	1.208	11.84

表 6.2　合作联结主回归解释变量的相关性分析（观测值：11935）

解释变量	两市间流动人口规模	两市宏观合作关联	两市省内同侪压力	两市财政富余差值	两市行政级别差值	两市市长在对方城市任职时长
两市间流动人口规模	1.000					
两市宏观合作关联	0.289	1.000				
两市省内同侪压力	0.175	0.455	1.000			
两市财政富余度差值	−0.036	−0.084	−0.094	1.000		
两市行政级别差值	0.173	0.114	0.040	0.026	1.000	
两市市长在对方城市任职时长	0.253	0.124	0.059	−0.039	0.042	1.000

6.4 实 证 结 果

表 6.3 报告了基于无向配对 Logit 模型的估计结果。为了增强稳健性，依次在模型中加入了不同层次的解释变量。模型 1 只考察了需求侧的两市间流动人口规模、两市宏观合作关联和两市同侪环境。模型 2 在模型 1 的基础上加入了供给侧的财政、行政级别、官员关系要素。模型 3 在模型 2 的基础上进一步加入了控制变量，分别是两市产业相似度和两市经济发展差距。

表 6.3 合作联结无向配对 Logit 回归结果

解释变量	被解释变量：合作联结("跨省通办、省内通办"整体)					
	模型 1		模型 2		模型 3	
	系数 (标准误)	优势比	系数 (标准误)	优势比	系数 (标准误)	优势比
需求侧						
两市间流动人口规模	0.026***	2.7%	0.026***	2.6%	0.027***	2.7%
	(0.004)		(0.004)		(0.004)	
两市省内同侪压力	0.101***	10.6%	0.102***	10.7%	0.101***	10.7%
	(0.003)		(0.003)		(0.003)	
两市宏观合作关联	0.624***	86.6%	0.626***	87.1%	0.634***	87.8%
	(0.120)		(0.119)		(0.120)	
供给侧						
两市财政富余度差值			−0.161***	−14.9%	−0.145***	−13.6%
			(0.041)		(0.045)	
两市行政级别差值			0.104	11.0%	0.114	11.1%
			(0.076)		(0.077)	
两市市长在对方城市任职时长			−0.006	−0.6%	−0.007	−0.7%
			(0.015)		(0.014)	
控制变量						
两市产业相似度					−2.101	−82.9%
					(1.895)	
两市经济发展差距					−0.108***	−10.4%
					(0.044)	
_cons	−4.417***		−4.269***		−1.144	
	(0.076)		(0.114)		(1.989)	

续表

| 解释变量 | 被解释变量：合作联结（"跨省通办、省内通办"整体） | | | | | |
| | 模型 1 | | 模型 2 | | 模型 3 | |
	系数（标准误）	优势比	系数（标准误）	优势比	系数（标准误）	优势比
N	11935		11935		11935	
PseudoR-squared	0.5952		0.5977		0.5985	
AIC	2932.98		2921.037		2918.752	
BIC	2962.529		2972.747		2985.237	
Log Llikelihood	−1462.4902		−1453.5183		−1450.3761	
LR chi2(df)	4300.53		4318.47		4324.76	

注：括号中为稳健标准误；* 表示 $p<0.10$，** 表示 $p<0.05$，*** 表示 $p<0.01$（双尾检验）。

我们以最完整的模型 3 来解读估计结果。在需求侧，两市间的流动人口规模系数显著为正（$p<0.01$），相关系数为 0.027，优势比变化率为 2.7%。表明两市间人口流动越多，双方合作通办的可能性越高。为此，假设 H7 成立。两市宏观合作关联系数显著为正（$p<0.01$），相关系数为 0.634，优势比变化率为 87.8%。表明若两城市之间还有除政务服务通办以外的其他更加宏观层面的合作战略，则两个城市合作政务服务通办的可能性越大。为此，假设 H8 成立。两市省内同侪压力系数显著为正（$p<0.01$），相关系数为 0.101，优势比变化率为 10.7%。表明"城市对"中的两个城市所面临的同侪压力越大，则双方越有可能合作通办。为此，假设 H9 成立。在供给侧，两市间的财政富余度差值系数显著为负（$p<0.01$），相关系数为 −0.145，优势比变化率为 −13.6%。表明财政差距越小的两个城市越有可能达成通办合作伙伴关系。为此，假设 H10 成立。而两市间行政级别差值和双方市长在对方城市的任职时长与被解释变量均无显著相关作用。因此，假设 H11 和假设 H12 验伪。

上述结果表明，在城市政务服务"跨省通办、省内通办"的合作联结中，需求侧发挥了核心和主要作用，需求侧的流动人口规模（社会需求）、省内同侪压力（组织需求）和宏观战略需求（区域需求）均发挥主要动力作用。供给侧中主要是两市财政富余差值（财政供给）发挥显著作用。

具体来说，一个城市更愿意和那些与自己有着互补需求和近似财政富余度的城市签约授权，达成合作伙伴关系；同时，是否和对方达成合作联结的另一个重要因素是城市的同侪与对方联结的比例。这些结论与第 5 章中对合作广度的探讨结果类似，表明需求侧因素对城市合作行为中选择合作伙伴的重要推动作用，另外还证实了财政相似度的正向作用。

6.5　稳健性检验

6.5.1　排除因果倒置

与 5.5.1 节的理念一致，为排除因果倒置等内生性因素，本节将被解释变量及相关解释变量滞后半年取数，并进行稳健性检验。涉及更新的变量介绍如下：

合作联结_2205，即两市是否通办，为 0-1 变量。截至 2022 年 5 月 13 日，对于任一"城市对"，如果双方就政务服务通办完成合作签约（开通通办），记为 1；否则，记为 0。该数据来源于各省份、各城市政务服务官方网站。

两市省内同侪压力_2205，指两个城市分别所能感知到的同省份内其他城市与对方的通办比例之和，取数时间为 2022 年 5 月 13 日。数据来源于各省份、各城市政务服务官方网站。计算公式如下：

$$A市省内同侪压力 = \frac{A市所在省份的其他城市中与B合作的城市数量}{A市所在省份的其他城市数量}$$

$$(6\text{-}8)$$

$$B市省内同侪压力 = \frac{B市所在省份的其他城市中与A合作的城市数量}{B市所在省份的其他城市数量}$$

$$(6\text{-}9)$$

$$两市省内同侪压力 = A市省内同侪压力 + B市省内同侪压力 \qquad (6\text{-}10)$$

两个滞后测量的变量描述性统计见表 6.4，稳健性检验模型结果见表 6.5。

表 6.4　合作联结稳健性检验变量描述性统计（排除因果倒置）

变量	观测量	均值	标准差	最小值	最大值
合作联结_2205	11935	0.1	0.301	0	1
省内同侪压力_2205	11935	19.691	44.111	0	200

表 6.5　合作联结稳健性检验结果（排除因果倒置）

解释变量	被解释变量：合作联结_2205		
	模型 1	模型 2	模型 3
	系数（标准误）	系数（标准误）	系数（标准误）
需求侧			
两市间流动人口规模	0.027***	0.027***	0.028***
	(0.004)	(0.004)	(0.004)
两市省内同侪压力_2205	0.468***	0.475***	0.477***
	(0.126)	(0.126)	(0.126)
两市宏观合作关联	0.052***	0.052***	0.052***
	(0.001)	(0.001)	(0.001)
供给侧			
两市财政富余度差值		−0.084**	−0.076*
		(0.042)	(0.046)
两市行政级别差值		−0.073	−0.030
		(0.144)	(0.151)
两市市长在对方城市任职时长		0.003	0.003
		(0.016)	(0.016)
两市产业相似度			−1.542
			(1.733)
两市经济发展差距			−0.085**
			(0.041)
_cons	−4.326***	−4.188***	−1.865
	(0.071)	(0.097)	(1.780)
N	11935	11935	11935

注：括号中为稳健标准误；* 表示 $p<0.10$，** 表示 $p<0.05$，*** 表示 $p<0.01$（双尾检验）。

对比表 6.3 与表 6.5，可知 6 条假设结果均通过稳健性检验。以模型 3 来解读检验结果，其中，两市间流动人口规模与滞后半年取数的合作联结_2205 依然成正相关关系（$p<0.01$），相关系数为 0.028，假设 H7 稳健成立；两市宏观合作关联与合作联结_2205 依然成正相关关系（$p<0.01$），相关系数为 0.052，假设 H8 稳健成立；两市省内同侪压力_2205 与合作联结_2205 依然成正相关关系（$p<0.01$），相关系数为 0.477，假设 H9 稳健成立；两市财政富余度差值与合作联结_2205 依然成负相关关系（$p<0.1$），相关系数为 −0.076，假设 H10 稳健成立。其他供给侧变量，如行政级别和官员异地经历，与被解释变量之间的关系依然不显著。

该稳健性检验通过将被解释变量滞后半年取数，以排除因果倒置的内生性因素。检验结果为通过。

6.5.2 异质性分析

本节的稳健性检验理念与5.5.2节一致，按照省际行政边界将合作联结情况区分为跨省合作联结和省内合作联结。省内同侪压力（组织需求）变量仅涉及A市与B市本身，所以不需要区分跨省合作联结压力与省内合作联结压力。其中，跨省合作样本观测值为10865对城市对，占比91.03%；省内合作样本观测值为1070对城市对，占比8.97%。

跨省合作联结，即跨省的A市与B市是否通办，为0-1变量。截至2021年12月31日，对于任一"城市对"，如果双方就政务服务通办完成合作签约（开通通办），记为1；否则，记为0。该数据来源于各省份、各城市政务服务官方网站。

省内合作联结，即同省的A市与C市是否通办，为0-1变量。截至2021年12月31日，对于任一"城市对"，如果双方就政务服务通办完成合作签约（开通通办），记为1；否则，记为0。该数据来源于各省份、各城市政务服务官方网站。

表6.6报告了基于省际边界分组回归的估计结果，与主回归结果一致。模型4检验了假设7至假设12在"跨省通办"中的真伪，模型5检验了假设7至假设12在"省内通办"中的真伪。在需求侧层面，不论是跨省合作联结还是省内合作联结，两市间流动人口规模都对联结具有显著正向促进作用，假设H7稳健成立。其中，两市间流动人口规模对跨省合作联结的影响优势比为8.9%，对省内合作联结的影响优势比为3.4%，可知流动人口规模在跨省合作中联结阶段的推动作用更大。这表明城市在跨省选择合作伙伴时，更有可能看重两市之间是否有真实存在的社会需求——两市间人口相互流动规模，进而用政务服务通办对这部分流动人口进行支撑和服务。

表6.6 合作联结稳健性检验结果（异质性分析）

解释变量	被解释变量			
	跨省合作联结（模型4）		省内合作联结（模型5）	
	系数（标准误）	优势比	系数（标准误）	优势比
需求侧				
两市间流动人口规模	0.085*** (0.014)	8.9%	0.033*** (0.005)	3.4%

续表

解释变量	被解释变量			
	跨省合作联结（模型 4）		省内合作联结（模型 5）	
	系数（标准误）	优势比	系数（标准误）	优势比
需求侧				
两市省内同侪压力	0.132 ***	14.1%	0.096 ***	10.02%
	(0.006)		(0.008)	
两市宏观合作关联	0.407 **	50.23%	1.063 ***	189.6%
	(0.171)		(0.201)	
供给侧				
两市财政富余度差值	−0.154 ***	−14.3%	−0.190 **	−17.2%
	(0.055)		(0.087)	
供给侧				
两市行政级别差值	−0.057	−5.5%	−0.021	−2.5%
	(0.968)		(0.796)	
两市市长在对方城市任职时长	0.188 **	20.7%	0.009	0.9%
	(0.089)		(0.014)	
控制变量				
两市产业相似度	0.641	89.8%	3.000	1909.4%
	(2.326)		(4.229)	
两市经济发展差距	−0.030	−3%	−0.272 ***	−23.8%
	(0.056)		(0.079)	
_cons	−4.652 *		−5.016	
	(2.456)		(4.386)	
N	10865		1070	
Pseudo R-squared	0.6604		0.3122	
AIC	2050.146		767.6917	
BIC	2115.786		812.4705	
Log Likelihood	−1016.0729		−374.84587	
LR chi2(df)	3950.97		340.29	

注：括号中为稳健标准误；* 表示 $p<0.10$，** 表示 $p<0.05$，*** 表示 $p<0.01$（双尾检验）。

　　组织需求和区域需求对不论是跨省合作联结还是省内合作联结都具有显著正向促进作用，假设 H8、假设 H9 稳健成立。其中，省内同侪压力对跨省合作联结的影响优势比为 14.1%，对省内合作联结的一影响优势比为 10.02%，可知其对跨省合作联结类型的推动作用更大。这表明城市在跨省选择合作伙伴时，更有可能考量各自面临的组织需求，并通过同侪签约率感受成本信号和风险信号。宏观合作关联对跨省合作的影响优势比为50.23％，对省内合作的影响优势比为189.6％，可知其对省内合作联结类型的推动作用更大。这表明城市在省内选择合作伙伴时，更有可能看重两市之间是否有宏观合作战略，进而用政务服务通办对其支撑和服务。

供给侧层面，两市财政富余度差值均与被解释变量呈负相关，表明财政水平差距越小的两个城市更有可能合作，假设 H10 稳健成立。其中，财政富余度差值对跨省合作联结的影响优势比为－14.3％，对省内合作联结的影响优势比为－17.2％，可知其对省内合作联结类型的阻碍作用更大。这表明城市在省内选择合作伙伴时，更有可能看重两市间的财政供给差距，进而规避一定的执行风险和背叛风险。

市长在对方城市的曾经任职时长在跨省合作联结中起到了显著正向促进作用（$p < 0.05$），优势比为 20.7％。笔者认为，这是由于相比于跨省合作，同为省内兄弟地市的城市间互相熟悉、了解，在除政务服务以外的多个领域都有过广泛合作，不需要过度依赖市长关系来创建合作可能性。而相比于省内兄弟城市间的多沟通渠道和多交流领域，跨省城市的正式关联渠道较少，不得不依赖于市长个人的非正式关系。因此，假设 H12 在跨省合作联结阶段成立。这一结论与 5.5.2 节中笔者对合作广度研究所进行的异质性分析、分组回归检验结果一致，一定程度上说明官员异地履职经历在跨省合作行为中的独特的富有成效的意义。

而不论是跨省合作联结还是省内合作联结，两市间行政级别差值与被解释变量均无显著相关作用。因此，假设 H11 稳健验伪。

该稳健性检验通过将样本依照省际边界分组，将合作联结行为分为跨省合作和省内合作两种，以检验异质性结果。检验结果为基本通过。

6.5.3　排除竞争性解释

本节稳健性检验的理念与 5.5.3 节一致，为排除可能存在的内生性因素——省级纵向干预的竞争性解释，本节将剔除所有包含广东省 11 个试点城市的二元"城市对"，并使用剩余的 10296 个二元"城市对"样本对主回归模型结果进行检验。

新样本的描述性统计见表 6.7，稳健性检验模型结果见表 6.8。

表 6.7　合作联结稳健性检验变量描述性统计（排除竞争性解释）

变量	观测量	平均值	标准差	最小值	最大值
合作联结	10296	0.093	0.29	0	1
两市间流动人口规模	10296	1.811	7.793	0	187.62
两市宏观合作关联	10296	0.162	0.369	0	1
两市省内同侪压力	10296	9.314	22.657	0	100
两市财政富余度差值	10296	1.604	1.405	0	7.918
两市行政级别差值	10296	0.188	0.391	0	1
两市市长在对方城市任职时长	10296	0.206	2.11	0	63

表 6.8　合作联结稳健性检验结果（排除竞争性解释）

解释变量	被解释变量：合作联结（"跨省通办、省内通办"整体）		
	模型 1	模型 2	模型 3
	系数（标准误）	系数（标准误）	系数（标准误）
需求侧			
两市间流动人口规模	0.026***	0.029***	0.029***
	(7.197)	(7.111)	(7.166)
两市省内同侪压力	0.104***	0.104***	0.104***
	(31.445)	(31.226)	(31.266)
两市宏观合作关联	0.722***	0.728***	0.730***
	(5.381)	(5.416)	(5.420)
供给侧			
两市财政富余度差值		−0.097**	−0.096*
		(−2.072)	(−1.927)
两市行政级别差值		−0.276*	−0.234
		(−1.680)	(−1.360)
两市市长在对方城市任职时长		−0.010	−0.010
		(−0.664)	(−0.661)

续表

解释变量	被解释变量：合作联结（"跨省通办、省内通办"整体）		
	模型 1	模型 2	模型 3
	系数（标准误）	系数（标准误）	系数（标准误）
控制变量			
两市产业相似度			−3.074
			（−1.613）
两市经济发展差距			−0.118***
			（−2.711）
_cons	−4.420***	−4.236***	−0.081
	（−52.734）	（−37.493）	（−0.042）
N	10296	10296	10296

注：括号中为稳健标准误；* 表示 $p<0.10$，** 表示 $p<0.05$，*** 表示 $p<0.01$（双尾检验）。

　　表 6.8 报告了剔除疑点样本、排除纵向干预的竞争性解释的检验估计结果，与主回归结果一致。模型 1、2、3 为分别依次纳入需求侧变量、供给侧变量和控制变量。以完整的模型 3 为主来解释检验结果。

　　需求侧层面，两市间流动人口规模对合作联结具有显著正向促进作用（$p<0.01$），假设 H7 稳健成立。城市宏观合作关联对合作联结仍然具有显著正向促进作用（$p<0.01$），假设 H8 稳健成立。同侪环境压力对合作联结仍然具有显著正向促进作用（$p<0.01$），假设 H9 稳健成立。

　　供给侧层面，两市财政富余度差值与剔除疑点样本后的合作联结呈现显著负相关（$p<0.01$），表明财政水平差距越小的两个城市更有可能合作，假设 H10 稳健成立。行政级别和官员异地任职与新样本的合作联结仍然不呈现显著的相关关系，与主回归结果一致，因此，假设 H11 与假设 H12 验伪。

　　该稳健性检验通过剔除 11 个可能受到省级纵向干预的城市样本，以排除竞争性解释等内生性因素。检验结果为通过。

6.6　本章小结

　　本章基于城市配对视角，重点考察需求侧和供给侧两个维度的 6 个要素如何塑造我国 11935 个"城市对"的"异地可办"联结情况。

　　主回归结果显示，在城市政务服务"跨省通办、省内通办"的合作联结中,需求侧发挥了核心和主要作用,需求侧的两市间流动人口规模(社会需求)、两市宏观合作关联(区域需求)和两市省内同侪压力(组织需求)均发挥主要动力作用。供给侧中主要是两市财政富余度差值(财政供给)发挥显著作用。具体来说,一个城市更愿意和那些与自己有着互补需求和近似财政富余度的城市签约授权,达成合作伙伴关系;同时,是否和对方达成合作联结的另一个重要因素是城市的同侪是否与对方联结。这些结论与第 5 章中对合作广度的探讨结果类似,表明需求侧因素对城市合作行为的重要推动作用。

主回归后,对模型结果进行了三组稳健性检验,分别是:对被解释变量合作联结滞后半年取数,以排除因果倒置;按照省际边界分组回归,分为跨省通办组和省内通办组,进行行政区划的异质性分析;剔除 11 个省级通办试点城市样本即 1639 个二元“城市对”,以排除省级压力纵向干预的竞争性解释。检验结果基本稳健。官员跨省任职经历对跨省合作联结的正向推动作用,与合作广度中的相关因果关系呈现相同逻辑。即相比于省内兄弟地市,有过跨省任职履历的市长,会为履历中的跨省城市带来良好的合作可能性。当其他条件基本一致时,A 市市长是否曾在跨省的 B 市任职过,这一因素将成为 A 市的重要考量因素之一。

综合以上定量结果,可以明确需求侧的社会需求、区域需求和组织需求对合作联结的重要促进作用,以及供给侧中的财政供给对合作联结的重要促进作用。

对比合作广度生成逻辑(第 5 章)和合作联结生成逻辑(第 6 章),发现其共同点在于:(1)社会需求(流动人口规模)是主要促进因素之一。包含高流动人口量的城市会更广泛地参与通办合作,拥有更大的政务服务通办“朋友圈”。彼此间拥有大规模的流动人口往来的两个城市更有可能互相选择、达成通办合作,构建起服务流动人口的一座桥梁。(2)组织需求(省内同侪压力)也是主要促进因素之一。若某个城市的同省内其他地市拥有较高的合作广度,该城市也会更加广泛地参与合作,尽量提高自身的合作广度。若 A 市的同侪城市与 B 市合作率高,那么 A 市也很有可能与 B 市达成通办;同样的情况下 B 市亦然。

以上合作广度生成机制和合作联结生成机制的共同点符合笔者参与式观察和访谈的结论,也符合府际合作研究和政策执行研究的主流成果,即问题严重性和合法性需求都会直接促进区域间合作。

第7章　跨域政务合作程度的组织行为逻辑

7.1　无向配对视角下的合作程度

哪些"城市对"在政务服务通办中愿意贡献更高的合作程度？换言之，哪些城市通办关系中互相提供的可通办事项数量最多？本章将在配对视角下讨论，在需求和供给两个层面上具备哪些特征的"城市对"具有更深的合作程度。本章在需求侧的分析要素包括两市间流动人口规模、两市宏观合作关联和两市省内同侪压力。对供给侧的分析要素包括两市行政级别差值、两市财政富余度差值、两市市长在对方城市任职时长。

由于在政务服务通办中，两两城市间的事项通办是一种双边合作关系。因此，在测量合作程度时，不能仅仅关注其中一市对另一市的贡献，而应当关注两方互相的贡献。因此本章所描述的合作程度，是对合作双方各自贡献的合作程度加总所得到的。

就各类要素和城市间双边合作程度的理论预期关系分析如下：

就合作需求而言，如果一个"城市对"互相间的流动人口规模较大，那么二者通办需求更强，则合作程度更深。相反，如果两个城市互相间的流动人口规模较小，两者之间并无太多人员往来，那么二者的合作程度对于解决各自外出人口异地办事难的问题就效果有限。为此，双方贡献合作程度的动力就会相对较弱。因此，提出假设：

H13：两市间流动人口规模越大，二者合作通办的程度越深。

正如前文所述，政务服务通办在承担自身改革角色的同时，也是一项服务于其他宏观合作关联的政策。两个城市间若存在除政务服务通办外更加宏观层面的战略合作，也是两市政务服务通办的合理性区域需求之一。若两市正在推进区域一体化建设、产业链共组共建等合作框架，政务服务通办会直接便利于宏观合作相关的人群和企业，对宏观合作起到助推和服务作用。因此，提出假设：

H14：两市间若存在其他宏观合作关联，则二者合作通办的程度越深。

同侪压力在合作程度贡献方面也可能发挥重要作用。当 A 市与 B 市合作后,若 A 市所在省的其他城市为 B 市提供的通办事项数量较多,从合法性维度中同侪学习、模仿和竞争的视角来看,A 市所受到的同侪压力会促使其为 B 市提供更多的政务服务通办事项;反之,亦然,B 市在考虑对 A 市的合作程度时,也会受到 B 市同侪的影响。因此,提出假设:

H15:两市的同侪与对方合作的程度越深,二者合作通办的程度越深。

相似度是地方政府间合作重要的决定因素之一。两市间财政相似度直接关系到合作的执行成本和背叛风险。两个财政状况相似的城市更能够识别对方的成本阻力和风险信号,彼此贡献更多的可办事项。因此,提出假设:

H16:两市财政富余度差值越小,二者合作通办的程度越深。

供给侧层面,文献和访谈都显示,"小城市"(这里指普通地级市)喜欢找"大城市"(这里指副省级城市)合作。一是因为大小城市之间容易产生劳动力的输入和输出,二是因为行政级别异质化的城市之间较少存在竞争关系,有着更清晰的收益分配。不论是从协调成本,还是从分配风险和背叛风险的视角,都有理由相信行政级别异质化的搭配更稳定、更深入。因此,提出假设:

H17:两市若行政级别异质化,则二者合作通办的程度越深。

官员关联资源能有效降低双方的信息成本和背叛风险。对合作联结和合作机制的选择均有正向促进作用。大量合作研究证明,在中国情景下,个人网络和意愿具有决定性作用(Chen et al.,2019;李响、陈斌,2020)。因此,提出假设:

H18:两市市长曾在对方城市任职时长越长,二者合作通办的程度越深。

7.2　研　究　对　象

地方层面对政务服务通办的探索实践日渐广泛,并以广东省内的"跨城通办"较为典型。早于中央层面的明确部署,广东省内个别城市间出现了自主性的政务服务跨区域合作。2018 年,广州市分别和梅州市、清远市签订了《对口帮扶协议》。在此协议框架下,由广州市政数局牵头落实了广州与其他两市的线下"异地可办",但当时通办工作未专门签署协议。2020 年 8 月,广州市发布《关于共同推进政务服务"跨城通办"工作的通知》,内含广州、珠海、佛山等 12 个城市间的"跨城通办"伙伴关系。这种"两两结对"现象随着 2020 年 9 月《意见》的出台而日益增多。截至 2021 年 12 月 31 日，广东省内 21 个城市之间已有 80 个"城市对"就"跨城通办"完成签约，覆盖全省 38.1% 的潜在双边合作关系。数据显示，各城市在合作协议签署上呈现差异化的合作广度。签约网络呈现"中心—边缘"的分布格局。广州、深圳、肇庆、东莞等城市处于网络核心，签约数量较多，联结度较高。湛江、茂名等城市则签约数量较少，相对孤立（范梓腾、王雪纯，2022）。同时，城市间在签约联结上也存在明显不同。这些情况反映了不同城市在合作广度以及合作联结上的差异。

　　研究广东省具有重要又独特的意义。作为改革开放的前沿阵地，珠三角区域一体化程度高，城市间人口流动频繁。在广东省政数局的建设维护下，省内城市间的合作授权情况较为完备透明，可提供扎实的数据支撑，在全国范围内具有典型代表性。另外，广东 21 个地市中，既有广州、深圳这种超中心城市，也有佛山、东莞这些传统经济强市，还有 14 个地区生产总值低于国家平均水平的城市。基于广东省经济的复杂性，可以更好地描述不同人口规模、经济水平、产业水平的城市之间的合作动力机制。

　　需要说明，合作研究中以 210 对无向"城市对"为研究对象处于常见的样本量范围之中，Song 等（2018）使用韩国首尔大都市区的 25 个地方政府为样本，检验政治相似性对地方政府间合作的促进作用；Shreatha 和 Feiock（2011）使用美国佛罗里达州内的 25 个地方政府进行双边协议研究。即使本章的样本量远不及前文中对合作广度和对合作联结的检验样本量，210 对"城市对"的研究依然具有较高效度。

　　综合上述情况，加之目前全国范围内只有广东省及其各地级市的政务服务官网公开了政务服务"跨省通办、省内通办"中每一对合作"城市对"的通办事项目录。基于数据的客观可得性，本章对合作程度的探究选择广东省内 21 个城市之间组成的 210 个无向"城市对"为研究对象。使用无向配对的原因已在第 6 章中详细介绍，这里不再赘述。

7.3　研究方法

　　基于研究问题和数据特征，本章使用零膨胀负二项（Zero-Inflated Negative Binomial，ZINB）回归识别两个城市之间合作程度的潜在机制。本章中，被解释变量是两个城市之间可通办的事项数量，是计数变量。一方面,计数变量的数值通常服从泊松分布,即事件的期望值是事件在给定时间段内发生的频率。根据本节被解释变量的描述性统计(见表 7.1),标准差(74.915)大于平均值(40.755)。表明数值分布离散,当计数的方差超过条件平均值时就会出现这种情况,根本原因在于变量中还包括了未观察到的异质性,这种异质性可以通过负二项(Negative Binomial)事件计数模型来修正。另一方面,被解释变量的另一个特征是存在 60.95% 的零值。这是因为并非每一个"城市对"之间都结成通办伙伴并开通一定数量的通办事项。为避免选择性偏误,要通过 ZINB 模型首先建立 Logit 回归模型来拟合解释变量与事件发生与否的关系,区分那些因为没有需求而没有开通通办事项的"城市对"和那些明明有需求却没有开通通办事项的"城市对"。综上所述,本章采用 ZINB 模型对合作程度的潜在动力机制进行回归检验。

7.4　变　量　测　量

合作研究对变量的测算逻辑同样包含三种类型:(1)条件满足,即"这个二元对是否满足这一条件";(2)结合,即某一属性值的总和;(3)差距,某一属性值的差值(Minkoff,2013)。本章的变量测算方法契合主流合作研究。其中,解释变量"两市宏观合作关联"遵循上述第一种类别;被解释变量"合作程度"以及解释变量"两市间流动人口规模""两市省内同侪压力""两市市长在对方城市任职时长"遵循上述第二种类别;解释变量"两市财政富余度差值""两市行政级别差值",控制变量"两市经济发展差距""两市产业相似度"遵循上述第三种类别。

7.4.1　被解释变量

合作程度,即两市之间互相开通通办的事项数量平均值,为离散变量。该数据来源于广东省政务服务网,取数时间为 2021 年 12 月 31 日。对于任一"城市对"A—B,如果双方开通"省内通办",则取 A 向 B 提供的异地可办事项数量与 B 向 A 提供的异地可办事项数量的算数平均值;如果双方未开通"省内通办",则记为 0,表示其间无通办事项。

7.4.2　解释变量

两市间流动人口规模,即两市间的流动人口数量。数据来源于百度地图迁徙大数据平台,取数时间和计算方式与第 6 章相同,细节可见 6.3.2 节,此处不再重复描述。

两市宏观合作关联，该数据表征两个城市之间是否有除政务服务通办之外的宏观层面的战略合作框架，如"广佛同城"等。该数据为 0—1 变量，两市间若存在宏观合作关联，则记为 1；否则，记为 0。数据来源于广东省各城市 2021 年政府工作报告。

两市省内同侪压力，指两个城市的同省内其他城市为对方城市开通通办事项的数量。数据来源于个广东省政务服务网。计算公式如下：

$$A 市省内同侪压力 = \frac{广东省其他城市为 B 市开通的通办事项数量}{19}$$

$$(7\text{-}1)$$

$$B 市省内同侪压力 = \frac{广东省其他城市为 A 市开通的通办事项数量}{19}$$

$$(7\text{-}2)$$

$$两市省内同侪压力 = A 市省内同侪压力 + B 市省内同侪压力 \quad (7\text{-}3)$$

其中，式(7-1)与式(7-2)中分母取 19 是由于广东省共有 21 个城市，减去运算"城市对"中的 A 市和 B 市，分母为 19。

两市财政富余度差值，测量一个"城市对"中双方的财政富余程度差值。各市财政富余程度计算见式(5-3)，数据来源于广东省各城市统计年鉴(2021 年)。

两市行政级别差值，若两市中有一市为副省级城市，另一市为普通城市，则记为 1；否则，记为 0。

两市市长在对方城市任职时长，测量一个"城市对"中双方市长曾在对方城市的任职时长(年)之和。如果没有任职经历，则记为 0。该数据来源于人民网地方领导资料库。

7.4.3　控制变量

两市经济发展差距，指一个"城市对"中双方的人均地区生产总值的差距(取对数)。数据来源于广东省各城市统计年鉴(2021 年)。

两市产业相似度，测量一个"城市对"中双方的产业同构系数。计算方式见式(6-7)。

本章被解释变量、解释变量和控制变量的描述性统计分析见表 7.1，主要解释变量的相关性分析见表 7.2。

表 7.1　合作程度主回归变量描述性统计

变量	观测量	平均值	标准差	最小值	最大值
合作程度	210	40.755	74.915	0	373.5
两市间流动人口规模	210	19.675	39.199	0.079	338.951
两市省内同侪压力	210	81.41	63.265	6	340
两市宏观合作关联	210	0.567	0.497	0	1
两市财政富余度差值	210	1.738	1.207	0.025	4.709
两市行政级别差值	210	0.181	0.386	0	1
两市市长在对方城市任职时长	210	1.873	6.14	0	33.667
两市产业相似度	210	0.965	0.031	0.836	1
两市经济发展差距	210	9.94	1.401	1.208	11.747

表 7.2　合作程度主回归解释变量的相关性分析

变量	两市间流动人口规模	两市省内同侪压力	两市宏观合作关联	两市财政富余度差值	两市行政级别差值	两市市长在对方城市任职时长
两市间流动人口规模	1.000					
两市省内同侪压力	0.182	1.000				
两市宏观合作关联	0.217	0.113	1.000			
两市财政富余度差值	−0.101	−0.014	0.088	1.000		
两市行政级别差值	0.499	0.117	0.236	0.089	1.000	
两市市长在对方城市任职时长	0.255	0.104	0.045	−0.090	0.227	1.000

7.5　实 证 结 果

ZINB 模型的运算分为两个步骤。第一步是 Logit 检验，需要识别通办事项为 0 的"城市对"是因为没需求而未开通通办事项，还是有需求却未开通通办事项。笔者参考前文合作广度和合作联结研究的结论，选择两市间流动人口规模、两市省内同侪压力和两市宏观合作关联三个变量共同识别城市间的通办需求，这三个变量在合作广度检验和合作联结检验中均稳健显著，可以较为全面地解释通办需求机制。笔者通过第一步的 Logit 检验避免了选择性偏差，然后通过第二步进行常规负二项回归检验。

表 7.3 报告了基于无向配对 ZINB 模型的估计结果。为了增强稳健性，依次在模型中加入了不同层次的解释变量。模型 1 只考察了需求侧的两市间流动人口规模、两市省内同侪压力和两市宏观合作关联。模型 2 在模型 1 的基础上加入了供给侧的财政、行政和官员关系要素。模型 3 在模型 2 的基础上进一步加入了控制变量，分别是两市产业相似度和两市经济发展差距。

表 7.3　合作程度零膨胀负二项回归模型结果

解释变量	被解释变量：合作程度		
	模型 1	模型 2	模型 3
	系数（标准误）	系数（标准误）	系数（标准误）
Logit 模型（第一步）			
两市间流动人口规模	-0.032^{***}	-0.032^{***}	-0.032^{***}
	(0.009)	(0.009)	(0.009)
两市省内同侪压力	-0.001	-0.001	-0.001
	(0.002)	(0.002)	(0.002)
两市宏观合作关联	-0.837^{**}	-0.837^{**}	-0.837^{**}
	(0.328)	(0.328)	(0.328)
_cons	1.611^{***}	1.611^{***}	1.611^{***}
	(0.326)	(0.326)	(0.326)
负二项回归模型（第二步）			
两市间流动人口规模	0.000	0.000	-0.000
	(0.001)	(0.002)	(0.002)

续表

解释变量	被解释变量：合作程度		
	模型 1	模型 2	模型 3
	系数(标准误)	系数(标准误)	系数(标准误)
负二项回归模型(第二步)			
两市省内同侪压力	0.009***	0.009***	0.009***
	(0.001)	(0.001)	(0.001)
两市宏观合作关联	0.094	0.085	0.093
	(0.149)	(0.153)	(0.154)
两市财政富余度差值		0.069	0.023
		(0.062)	(0.734)
两市行政级别差值		0.112	−0.111
		(0.162)	(0.203)
两市市长在对方城市任职时长		−0.000	−0.000
		(0.000)	(0.001)
两市产业相似度			−1.233
			(2.469)
两市经济发展差距			0.004*
			(0.003)
_cons	3.578***	3.482***	4.614*
	(0.178)	(0.197)	(2.441)
模型指标			
log likelihood	−552.2196	−550.9458	−549.4067
forcevuong test	6.16***	6.21***	6.07***
ln alpha	−1.109***	−1.139***	−1.175***
	(0.156)	(0.155)	(0.156)
AIC	1122.439	1125.892	1126.813
BIC	1152.563	1166.057	1173.673
N	210	210	210

注：括号中为稳健标准误；* 表示 $p<0.10$，** 表示 $p<0.05$，*** 表示 $p<0.01$(双尾检验)。

　　如表 7.3 所示，第一步 Logit 检验预测了城市间零通办需求的机会，此步骤中的回归系数与传统 Logit 模型系数的解释方式不同。在这里，显著为负的系数意味着对通办事项有需求；反之，显著为正的系数意味着对通办事项无需求。第一步 Logit 模型的结果与前文的结论基本一致(社会需求和组织需求对合作广度和合作联结的重要促进作用，见 6.6 节分析)，本节不再详细分析 Logit 结果。第二步是负二项回归模型，ln alpha 值在统计上具有显著性，表明被解释变量过度离散，证明选用负二项回归优于选用泊松回归。同时，由于被解释变量存在较高比例的零值（60.95%），forcevuong 检验结果在统计上具有显著性也意味着选用零膨胀负二项模型优于选用普通负二项模型。

从模型 1、2、3 的负二项回归结果来看，需求侧和供给侧中共 6 个解释变量中只有两市组织需求显著为正（$p<0.01$），相关性系数为 +0.009，假设 H15 成立。表明"城市对"中两个城市面临的省内同侪压力越大，越有可能为对方提供更多的通办服务事项，即越有可能贡献更深的合作程度。例如，若 A 市的同省内其他地市为 B 市提供了很多通办事项，那么 A 市也更有可能为 B 市提供更多的合作通办事项；B 市亦然；若 A 市和 B 市同时面临同侪为对方提供较多通办事项的情况，则这种促进作用更加明显。

与前两章定量研究的结果进行对比，发现对合作广度和合作联结维度中起到正向促进作用的流动人口规模、宏观合作关联和财政富余度在这里都不再显著。这种鲜明的对比，证明合作不同维度背后的动力机制是不同的。

7.6　稳健性检验

7.6.1　排除因果倒置

与 5.5.1 节、6.5.1 节的理念一致，为排除本研究因果倒置等内生性因素，本节将被解释变量滞后半年取数，并进行稳健性检验。涉及更新的变量介绍如下：

合作程度_2205，即两市之间互相开通通办的事项数量平均值，为离散变量。该数据来源于广东省政务服务网，取数时间为 2022 年 5 月 13 日。对于任一"城市对"A—B，如果双方开通"省内通办"，则取 A 向 B 提供的异地可办事项数量与 B 向 A 提供的异地可办事项数量的算数平均值；如果双方未开通"省内通办"，则记为 0，表示其间无通办事项。

滞后取数的变量描述性统计见表 7.4，稳健性检验模型结果见表 7.5。

表 7.4　合作程度稳健性检验变量描述性统计（排除因果倒置）

变量	观测量	均值	标准差	最小值	最大值
合作程度_2205	210	0.1	0.301	0	1

表 7.5　合作程度稳健性检验结果(排除因果倒置)

解释变量	被解释变量：合作程度_2205		
	模型 1	模型 2	模型 3
	系数(标准误)	系数(标准误)	系数(标准误)
Logit 模型(第一步)			
两市间流动人口规模	−0.042***	−0.042***	−0.042***
	(0.010)	(0.010)	(0.010)
两市宏观合作关联	−0.483	−0.483	−0.483
	(0.322)	(0.321)	(0.321)
两市省内同侪压力	−0.002	−0.002	−0.002
	(0.002)	(0.002)	(0.002)
_cons	1.339***	1.346***	1.346***
	(0.311)	(0.310)	(0.310)
负二项回归模型(第二步)			
两市间流动人口规模	−0.001	−0.001	−0.001
	(0.002)	(0.002)	(0.002)
两市宏观合作关联	0.096	−0.005	−0.037
	(0.211)	(0.187)	(0.184)
两市省内同侪压力	0.010***	0.007***	0.007***
	(0.002)	(0.002)	(0.002)
两市财政富余度差值		0.270***	0.238**
		(0.087)	(0.097)
两市行政级别差值		0.634***	0.469*
		(0.215)	(0.267)
两市市长在对方城市任职时长		−0.001	−0.001
		(0.001)	(0.001)
两市产业相似度			2.402
			(2.931)
两市经济发展差距			0.000
			(0.000)
_cons	3.973***	3.616***	1.151
	(0.260)	(0.235)	(2.915)
模型指标			
log likelihood	−651.6699	−636.1332	−634.8104
forcevuong test	6.15***	6.10***	5.97***

续表

解释变量	被解释变量：合作程度_2205		
	模型 1	模型 2	模型 3
	系数（标准误）	系数（标准误）	系数（标准误）
模型指标			
ln alpha	−0.188	−0.505 ***	−0.530 ***
	(0.144)	(0.143)	(0.143)
AIC	1321.34	1296.266	1297.621
BIC	1351.464	1336.432	1344.48
N	210	210	210

注：括号中为稳健标准误；* 表示 $p<0.10$，** 表示 $p<0.05$，*** 表示 $p<0.01$（双尾检验）。

对比表 7.3 与表 7.5，可知核心结果均通过稳健性检验。其中，两市间流动人口规模、两市宏观合作关联与合作程度_2205 依然无显著相关关系；两市省内同侪压力与合作程度_2205 依然成正相关关系（$p<0.01$），相关系数为 0.007；两市财政富余度差值与合作程度_2205 成正相关关系（$p<0.05$），相关系数为 0.238；两市行政级别差值与合作程度_2205 成正相关关系（$p<0.10$），相关系数为 0.469。供给侧变量中的官员异地经历与合作程度_2205 依然呈现无显著的相关关系。

该稳健性检验通过将被解释变量滞后半年取数，以排除因果倒置的内生性因素。检验结果为通过。

7.6.2 核查遗漏变量

由于本节样本为广东省内 210 个无向二元"城市对"，省内官员调动频繁，存在较多个体之间共同履职于同一城市同一单位的情况，即"共同任职经历"。官员资源作为行动者桥梁，有证据显示最有效的渠道就是官员之间的面对面交流（face-to-face interaction），这种交流形式不仅会增加双方城市政府合作的概率，也会提高合作有效性、深化合作程度（Leroux et al.，2010）。Fisman 等（2020）指出"共同任职经历"是迄今为止最常见的个人联系。Shih 等（2012）使用"共同任职经历"表征官员个人联系，其中，对"共同任职经历"的测量方法是记录官员过去是否于同一时间在同一政府机构任职，本研究基于这种测量方法，使用官员过去于同一时间在同一政府机构任职的时长（年）表征"共同任职"。

在"异地可办"中，合作双方需要政府领导通过协商达成行动共识（刘冰,2021)。为此,主政官员的个人网络联系对于城市间达成合作共识、顺利签约有重要的促进作用。由任职履历和岗位流动所形成的关系资源受到较多关注(朱旭峰、张友浪,2015)。基于此,拥有其他城市履职经历的市长,或与对方市长曾有过"面对面"共同任职经历的市长,通常有较丰富的关系资源积累,他们在通办中也容易达成更多的城市间签约、搜寻合适的合作伙伴。因为这些关系资源有助于双方就一系列政务服务标准厘定等事项进行持续沟通,协调成本和背叛风险均较小。

　　该变量未在前文中出现,本节作为核查遗漏变量引入。因为考虑到省内官员异地调动更加频繁,所以加入此测量市长与市长间个人关系的变量(曾经的同事关系)。变量测算如下:

　　两市市长共同任职时长,测量一个"城市对"中双方市长曾在同一政府部门共同任职过的时长(年)之和。图 7.1 描述了"两市市长在对方城市任职"与"两市市长共同任职"这两个变量间的区别,关联 1 表示"两市市长在对方城市任职",是指个人与城市之间的关系,关联 2 表示"两市市长共同任职",是指个人与个人之间的关系。该数据来源于人民网地方领导资料库和各城市人民政府官方网站。

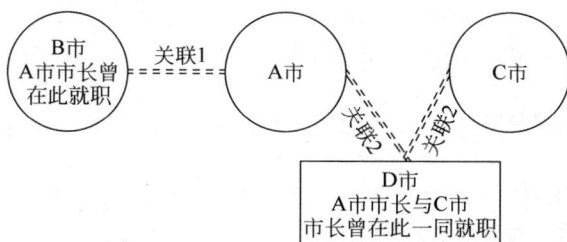

图 7.1　"两市市长在对方城市任职"与"两市市长共同任职"间的区别

注:"两市市长共同任职"也可能是发生在 A 市或 B 市而非 D 市,标注 D 市仅为方便读者理解。

　　新增变量的描述性统计见表 7.6,加入核查变量后的稳健性检验结果见表 7.7。

表 7.6　合作程度稳健性检验变量描述性统计(核查遗漏变量)

变量	观测量	平均值	标准差	最小值	最大值
两市市长共同任职时长	210	0.103	0.537	0	5.25

表 7.7　合作程度稳健性检验结果（核查遗漏变量）

解释变量	被解释变量：合作程度		
	模型 1	模型 2	模型 3
	系数（标准误）	系数（标准误）	系数（标准误）
Logit 模型（第一步）			
两市间流动人口规模	-0.032^{***}	-0.032^{***}	-0.032^{***}
	(0.009)	(0.009)	(0.009)
两市省内同侪压力	-0.001	-0.001	-0.001
	(0.002)	(0.002)	(0.002)
两市宏观合作关联	-0.837^{**}	-0.837^{**}	-0.837^{**}
	(0.328)	(0.328)	(0.328)
_cons	1.611^{***}	1.611^{***}	1.611^{***}
	(0.326)	(0.326)	(0.326)
负二项回归模型（第二步）			
两市间流动人口规模	0.000	0.000	-0.001
	(0.001)	(0.001)	(0.002)
两市省内同侪压力	0.009^{***}	0.009^{***}	0.009^{***}
	(0.001)	(0.001)	(0.001)
两市宏观合作关联	0.094	0.139	0.102
	(0.149)	(0.149)	(0.152)
两市财政富余度差值		0.079	0.030
		(0.058)	(0.067)
两市行政级别差值		0.069	0.029
		(0.094)	(0.102)
两市市长在对方城市任职时长		-0.002	-0.005
		(0.008)	(0.008)
两市市长共同任职时长		0.097	0.077
		(0.095)	(0.093)
两市产业相似度			-0.711
			(2.535)
两市经济发展差距			0.098
			(0.063)
_cons	3.578^{***}	3.364^{***}	3.238
	(0.178)	(0.210)	(2.667)
模型指标			
log likelihood	-552.2196	-550.3738	-549.0641

续表

解释变量	被解释变量：合作程度		
	模型 1	模型 2	模型 3
	系数（标准误）	系数（标准误）	系数（标准误）
模型指标			
forcevuong test	6.16***	6.32***	6.06***
ln alpha	−1.109***	−1.153***	−1.183***
	(0.155)	(0.156)	(0.156)
AIC	1122.439	1126.748	1128.128
BIC	1152.563	1170.26	1178.335
N	210	210	210

注：括号中为稳健标准误；* 表示 $p<0.10$，** 表示 $p<0.05$，*** 表示 $p<0.01$（双尾检验）。

对比表 7.3 和表 7.7，可知核心结论稳健成立。需求侧和供给侧中共 6 个解释变量中只有两市组织需求显著为正（$p<0.01$），相关性系数为 0.009，假设 H15 成立。新纳入的遗漏变量"官员共同任职"对合程度并无显著作用，且对其他解释变量无干扰作用。

该稳健性检验通过纳入官员"面对面"共同履职因素，以核查是否存在遗漏变量造成内生性。检验结果为通过。

7.6.3　异质性分析

国务院办公厅《意见》中给出了 140 项清单事项的跨域通办规定要求，要求并部署这 140 项事项由各业务部委统一负责，而非由地方政府负责。但若两个城市对清单以外的事项签署了协议，后来在它们的通办平台中，也有可能会把清单以内的可通办事项放入。因为其事项不论由谁负责，都属于可通办事项。这部分事项是否纳入合作程度的测量，并不影响本研究的理论构建与定量结果，因为所有通办事项都属于地方政府的合作执行工作量。

为了更加精细化地明确事项范围，验证本研究模型结果的稳健性。本节中，笔者对合作事项范围进行异质性分析，剔除了合作程度测算中《意见》所列的 140 项清单事项，取数时间为滞后半年的 2022 年 5 月 13 日[①]。

---

① 因为主回归中的被解释变量取数于 2021 年 12 月底，已被网页更新覆盖，无法识别具体事项并逐个剔除。遂选用当下可见的事项列表，取数时间为 2022 年年中，与 7.6.1 节中的被解释变量取数时间一致。

更新后的合作程度变量描述性统计见表 7.8，稳健性检验回归结果见表 7.9。

表 7.8　合作程度稳健性检验变量描述性统计（异质性分析）

变量	观测量	平均值	标准差	最小值	最大值
合作程度_去除部委负责事项	210	51.762	180.048	0	2219

表 7.9　合作程度稳健性检验结果（异质性分析）

解释变量	被解释变量：合作程度_去除部委负责事项		
	模型 1	模型 2	模型 3
	系数（标准误）	系数（标准误）	系数（标准误）
Logit 模型（第一步）			
流动人口规模	-0.044^{***}	-0.043^{***}	-0.043^{***}
	(0.011)	(0.010)	(0.010)
两市宏观合作关联	-0.544^{*}	-0.541^{*}	-0.542^{*}
	(0.327)	(0.324)	(0.324)
两市省内同侪压力	-0.000	-0.001	-0.001
	(0.003)	(0.002)	(0.002)
_cons	1.314^{***}	1.337^{***}	1.337^{***}
	(0.317)	(0.313)	(0.313)
负二项回归模型（第二步）			
两市间流动人口规模	-0.002	-0.002	-0.002
	(0.003)	(0.002)	(0.002)
两市宏观合作关联	0.171	0.034	-0.000
	(0.241)	(0.207)	(0.203)
两市省内同侪压力	0.014^{***}	0.009^{***}	0.010^{***}
	(0.003)	(0.002)	(0.002)
两市财政富余度差值		0.294^{***}	0.263^{**}
		(0.098)	(0.108)
两市行政级别差值		0.784^{***}	0.620^{**}
		(0.233)	(0.282)
两市市长在对方城市任职时长		-0.001	-0.001
		(0.001)	(0.001)
两市产业相似度			3.473
			(3.207)

续表

解释变量	被解释变量：合作程度_去除部委负责事项		
	模型 1	模型 2	模型 3
	系数（标准误）	系数（标准误）	系数（标准误）
负二项回归模型（第二步）			
两市经济发展差距			0.000
			(0.000)
_cons	3.323***	2.968***	−0.580
	(0.307)	(0.263)	(3.196)
模型指标			
log likelihood	−620.783	−604.4052	−602.6669
forcevuong test	7.05***	6.50***	6.68***
ln alpha	0.040	−0.337**	−0.372**
	(0.156)	(0.149)	(0.149)
AIC	1259.566	1232.81	1233.334
BIC	1289.69	1272.976	1280.193
N	210	210	210

注：括号中为稳健标准误；* 表示 $p < 0.10$，** 表示 $p < 0.05$，*** 表示 $p < 0.01$（双尾检验）。

对比表 7.3 和表 7.9，可知核心结论稳健成立。两市组织需求显著促进城市间合作程度（$p < 0.01$）。相关性系数为 0.010，假设 H15 成立。对事项测量范围作异质性分析后，核心结论未改变，即社会需求和区域需求对合作程度依然无显著作用，组织需求对合作程度依然具有正向促进作用。

该稳健性检验通过缩小、精细化事项测算范围，以排除部分事项存在异质性的可能性。检验结果为通过。

7.7　本章小结

本章基于城市配对视角，重点考察需求侧和供给侧两个维度的 6 个要素如何塑造广东省内 210 个无向"城市对"的"异地可办"合作程度。为避免选择性偏误，通过 Logit 模型首先区分那些因为没有需求而没有开通通办事项的"城市对"和那些明明有需求却没有开通通办事项的"城市对"。然后再对被解释变量进行负二项回归。回归结果显示需求侧和供给侧中的解释变量只有两市省内同侪压力稳健显著为正。这表明"城市对"中两个城市面临的省内同侪压力越大，越有可能为对方提供更多的通办服务事项，越有可能贡献更深的合作程度。对比之下，对合作广度和合作联结起到正向促进作用的流动人口规模、宏观合作关联和财政富余度在这里都不再显著，再次揭示合作不同维度背后的动力机制是不同的。

合作三个层面（合作广度、合作联结和合作程度）呈现截然不同的动力机制，主要体现在对核心政策目标"服务流动人口异地办事"因素的不同程度的关注。社会需求在合作广度、合作联结中的显著作用，与对合作程度的不显著作用形成鲜明对比，这种差异化的根本原因将在第 8 章质性研究中揭示。

第8章 降本与增效：跨域政务合作的逻辑转换机制

在第 5 章至第 7 章的定量研究部分我们已知地方政府间合作三个层面的动力因素有别。主要体现在合作广度的促进因素包括社会需求和组织需求；合作联结的促进因素包括社会需求、区域需求、组织需求和财政供给；合作程度的促进因素只有组织需求。本章关注的核心问题是：地方政府间合作三个层面动力机制差别的根本原因是什么？笔者基于过程追踪法将在理论层面上讨论合作广度/联结和合作程度分别带有的"形式主义"和"实际执行"的意义，并依此解释合作广度/联结和合作程度背后动力机制差异化的原因。

本章共分为五个部分。第一部分介绍笔者对案例选取的思考、方法及最终案例呈现。第二部分着重介绍核心案例的政策沿革细节及通办概览情况，为后文分析做背景铺垫和知识性介绍。第三部分基于广州市与 X 省 C 市的合作案例给出政务服务通办中的"异地可办"决策流程及办理流程。第四部分从纵向上下级、横向同级和基层执行三个视角，基于广州市个体的合作案例和广州—Q 省 B 市的合作互动案例，剖析政务服务通办合作三个层面背后的核心行为决策差异。第五部分是对质性分析部分的小结。

8.1 政务服务跨域通办案例选取

基于典型性原则，主要选取广东省广州市及其通办伙伴的政务服务"跨省通办、省内通办"工作为观察案例。基于过程追踪方法论，以 2020 年 9 月《意见》的发布为开启节点，重点关注城市在合作三个层面中的决策进程。

将广东省作为研究对象具有重要又独特的意义。首先，广东的政务服务工作一直走在全国前列，具有较好的改革基础和通办条件。广东于 2012 年获得国务院批复，开始"十二五"时期深化行政审批制度改革试点。广东省内的广州、梅州、清远、珠海、佛山等市自主探索政务服务通办工作，早于《意见》的发布时间。各市间的合作授权情况和数据透明可得，在全国范围内具有典型代表性。不论是早期的行政审批改革，还是后来的"互联网＋政务服务"建设，广东省始终走在改革的前线，通过一系列的体制机制创新为其他省（区、市）提供了宝贵又丰富的经验，是最具代表性的典型案例之一。其次，珠三角区域一体化程度高，城市间人口流动频繁，对通办政策有极大需求。2020 年第七次全国人口普查数据显示，广东全省人户分离人口达6063.51 万人，其中流动人口达 5206.62 万人。流动人口中外省流入人口占比 57％，省内流动人口占比 43％。可以预见，广东省尤其是珠三角地区将依靠其区位优势和开放的政策环境持续吸引大量海内外人才。[①] 另外，广东省内城市间异质性强，研究对象多元化，21 个地市中既有广州、深圳这种超中心城市，也有佛山、东莞这些传统经济强市，还有 14 个地区生产总值低于国家平均水平的城市。基于广东经济的复杂性，可以更好地描述不同经济水平、产业水平的城市之间合作的选择机制。最后，广东省政府特殊的"放权型政府操作模式"，使得省内地级市政府拥有更大的活动空间，更多的权力裁量可以被我们识别和发现（张紧跟，2010）。

广州市对政务服务通办改革有着迫切需求。广州市是广东省的省会、副省级城市、国家中心城市、超大城市，是珠江三角洲和粤港澳大湾区建设的政治、文化、经济中心城市。作为我国经济第一大省广东省的省会，广州市经济发达，2021 年地区生产总值为 28231.97 亿元，位列全国第四（前三位是上海、北京和深圳）。广州市的人口流动频繁，2021 年全市年末流动人口达 869.53 万人，户籍迁入人口 24.16 万人。广州同时是劳务输入大市，2021 年年末在岗职工人数达 1191.55 万人。

广州市对政务服务通办的探索早于 2020 年 9 月颁发的《意见》。2018年，广州市自主创新，与梅州市、清远市签订了《跨城通办协议》。[②] 2020 年8 月，广州市发布《关于共同推进政务服务"跨城通办"工作的通知》，内含广州、珠海、佛山等 12 个城市间的"跨城通办"伙伴关系。《意见》出台后，广州市大力配合部委及省级部门对《意见》内规定事项的通办改革工作，并且自主推进规定事项及范围以外的"跨省通办、省内通办"工作。截至 2021 年12 月 31 日，广州市政数局已联合省内全部 20 个兄弟城市以及江西南昌、赣州，湖北武汉、黄冈，广西南宁、柳州、桂林、梧州、北海、钦州、贵港、贺州、

---

① 第一财经. 广东流动人口超 5200 万，深圳十年猛增 700 多万人［N/OL］.（2021-05-15）［2024-12-31］. https://baijiahao.baidu.com/s?id=1699810626367149753&wfr=spider&for=pc.

② 广州市政务服务数据管理局. 羊城——湾区通办 共创政务港湾（广州市政务服务数据管理局"湾区通办"经验做法）［Z］. 全省"跨省通办、省内通办"工作资料汇编（2021 年 5 月）.

河池等省外 13 个城市（这里仅描述前述 11 个省份的情况）开展政务服务
"跨省通办、省内通办"工作。

　　本研究基于"最典型案例"原则选取广州市政务服务通办工作为核心案
例。原因如下：（1）从城市自身经济社会发展水平来看，不论是流动人口规
模、宏观合作关联、财政水平、城市行政级别还是官员异地关系资源，广州市
都拥有最佳实践政务服务"跨省通办、省内通办"的需求和供给条件。从理
论和数据推演，作为一个"最有可能"良好执行通办合作的城市，广州市确实
交出了成绩斐然的答卷。（2）从合作广度来看，11 个省份 155 个城市的合
作广度平均值为 14，广州市的合作广度为 31，在整体样本中排前 8%。其
中，广州市的跨省合作广度为 13，省内合作广度为 20，均明显高于其样本平
均值（分别是 11 和 3）。（3）从合作伙伴来看，广州市的合作伙伴范围平均
覆盖省内及省外多个城市，其中包括经济发达城市，如深圳、佛山、珠海等，
也包含发展中城市，如赣州、桂林、北海等。（4）从合作程度来看，受限于数
据可得性，只在广东省内进行比较分析，广州市参与的省内 20 对合作关系
的平均合作程度为 123.175 件通办事项，远高于广东全省各市的平均省内
合作程度 40.755。

　　因此，选取广州市政务服务通办工作为核心案例样本，选取广东省其他
城市为补充案例样本，全过程解析合作三个层面中"需求侧—供给侧"各类
要素的动力机制，有助于深入剖析政务服务通办工作。同时立足实践，进一
步释定量模型所不可达的因果细节，即合作行为决策三层面背后的逻辑为
何不同。

　　本章的数据和材料源自笔者于 2020 年 11 月至 2021 年 1 月在广东省
政数局及 2021 年 12 月在广州市政数局共 4 个月的参与式观察、半结构化
访谈和内部文本分析。其中，笔者直接参与了广州市与 2 个省外城市的政
务服务通办合作全流程，包括协议起草、现场签约、文本交换、事项梳理、机
制建立、后续跟进、通讯撰写等工作。跟班学习了广州市政务服务大厅"跨
域通办"专窗的业务工作，了解掌握了政务窗口人员受理材料的标准流程，
协助办理跨域通办业务，切身体验了政务服务窗口人员的工作规范。同时，
在两年时间内，一对一访谈了广东省、广州市、广州通办伙伴城市的多位政
务服务通办一线工作人员，地域覆盖 9 省份 18 地市，共 94 人次（访谈详细
情况见附录 A）。

8.2　政务数据治理的组织结构与政策沿革

2020年9月《意见》发布后，广东省迅速组织相关单位学习并传达落实文件精神。广东省人民政府办公厅于同年11月印发《广东省推进政务服务"跨省通办、省内通办"工作方案》的通知（粤办函〔2020〕286号），面向各地级行政区人民政府、省政府各部门、各直属机构，首先要求完成《意见》中的"规定动作"，即"2020年年底前，实现一批高频政务服务事项'跨省通办、省内通办'；2021年年底前，基本实现我省高频政务服务事项'跨省通办、省内通办'"（共140项政务服务事项）。除此之外，还在工作目标中提出"逐步扩大通办事项范围，同步建立清单化管理制度和更新机制"。其次，在国办文件的基础上，广东省指出了通办服务的支撑条件，如"统一业务规则和标准……持续推进名称、编码、依据、类型等基本要素'四级四同'；并按照'应减尽减'的原则，优化调整'跨省通办、省内通办'事项标准"。最后，要求保障通办工作顺利推进，加强组织领导、监督评价和宣传指引，而这些保障工作均由广东省人民政府办公厅（广东省政数局）牵头协调，要求各地市、各部门高度重视，认真参与。对于广东省内的市级事项，除去小部分仍保留在部门的专业化政务服务事项（如车辆管理所的车辆注册、管理相关事项；不动产登记中心的不动产注册登记、变更、注销等相关事项），其他大部分政务服务事项均归由各地市人民政府办公厅（市政数局）管理。

2021年4月，广东省人民政府办公厅印发《关于进一步深化政务服务"跨省通办、省内通办"工作的通知》（粤办函〔2021〕59号），这一次的通知主要面向省级有关单位，督促他们优化事项标准和完善业务规则，以深化落实国办《意见》件中的规定动作，即140项高频政务服务事项实现跨省跨市通办。

需要指出，《意见》中列出的140项政务服务事项并非全部归属于单一行政级别，而是分布在省级、市级、区县级政务服务大厅和各部门的专业政务服务大厅。由于各省各市的行政审批、政务服务"放管服"推进情况深浅不一，所以140项政务服务事项在不同省不同市的任务分配情况也是不同的。本研究仅关注"规定动作"以外的市级政务服务通办探索，即超越这

140 项清单以外的市级政务服务。①

在广东省政务服务通办改革中，各地市政数局作为核心业务部门，发挥着出台方案、设置目标、自我改革、监督管理、汇集信息、调研沟通、反馈考核等一系列重要作用。本章的后续研究也将围绕广州市政数局，尤其是其直接参与政务服务通办工作的审批协调处展开。

2021 年 5 月，广州市政数局响应国办《意见》及广东省办文件，印发了《广州市推进政务服务"跨域通办"工作方案》（穗政数函〔2021〕497 号）。该文件面向各区人民政府、市政府各部门、各直属机构，首先要求配合完成《意见》的规定动作，其次要求"除法律法规规定必须到现场办理等特殊情况之外，所有事项纳入'跨域通办'清单"。对于通办中的"异地可办"途径，广州市要求各区级政务服务中心及各专业政务服务大厅开设"跨域通办"窗口，"配置相应工作人员，开展异地代收代办工作"。此外，还详细规定了"跨域通办"窗口工作人员的办事流程和任务分配，主要包括"根据事项办事指南及材料收取标准进行收件，并对申请材料进行形式审查、身份核检"。

笔者根据在广州市政务服务大厅"跨域通办"窗口的实习经历以及对其他地市窗口人员的访谈，制作如图 8.1 所示的市级层面政务服务"异地可办"窗口流程，开通通办合作的两市间主要按照异地收件、远程办理、协同联动、邮寄送达的模式运转。

2021 年 5 月，在穗政数函〔2021〕497 号文件印发后 10 日，广州市政数局印发《关于进一步做好政务服务"跨域通办"工作的补充通知》，再次明确要求"除法律规定必须到现场办理等特殊情况外，原则上本部门、本区所属依申请事项均应纳入'跨域通办'事项清单，实现'跨域通办'"。

不论是《意见》还是广东省的相关工作方案和通知中，都未提出"原则上均通办"这样的要求。上级文件中不仅未设定合作程度的目标，也未设定合作广度和合作联结的目标。笔者访谈除广州市以外的市级政务服务管理部门人员时获知，其他城市也并未作出"原则上均通办"的规定。很多广东省内的城市是完全按照广东省级的工作方案即粤办函〔2020〕286 号文件来落实通办的。这从侧面说明广州市在通办改革政策上极高的积极性和推行力度。

---

① 虽然本研究不涉及《意见》中的规定动作，即 140 项高频事项，但仍对广州市的完成情况作简要介绍：广州市政数局内部会议文件指出，140 项高频政务服务事项中，有 3 项为重复事项，26 项不适用于广州市实际情况（查无此项），23 项由广东省级实施，剩余 88 项事项均已在市、区、镇街级达成通办。

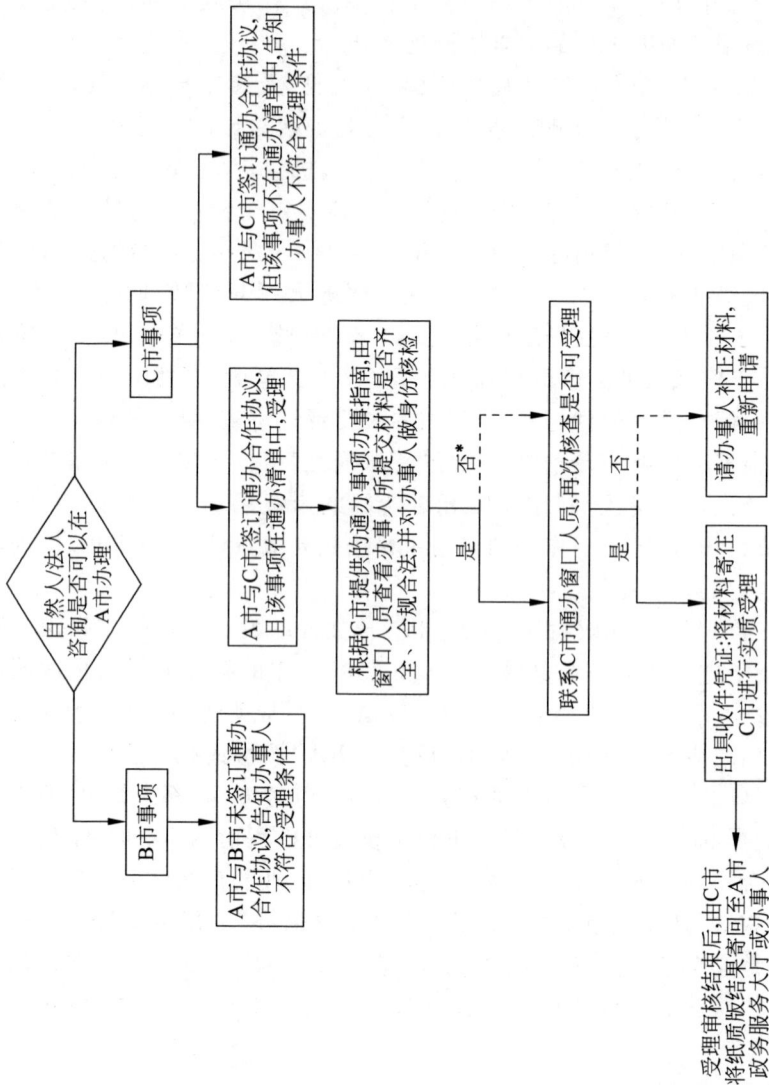

图 8.1　政务服务"跨域通办"市级层面窗口流程（异地可办）

注：＊表示无论办事人提供的材料是否齐全，均会联系 C 市通办窗口人员再次核查是否可受理。

8.3　通办合作流程

本节以广州市与 X 省 C 市通办合作流程为例，介绍一般性的城市级别政务服务通办合作流程。合作流程可分为"前期对接"和"通办步骤"两个纵时段部分。

8.3.1　前期对接

"前期对接"涵盖最开始的一方主动联络、对方考虑、对方决策，再到确定合作的过程。"前期对接"的发展中嵌入了双方城市对合作联结的决策因素，并在双方协商的过程中第一次出现了疑似"形式主义"现象。

2021 年 11 月 9 日，广州市与 X 省 C 市签署城市间战略合作框架协议。签署现场，广州市委书记和市长表示："广州与 C 市交通相连、产业相融、人缘相亲，在经济社会发展各方面有深厚的合作基础。希望两市深化产业分工合作，聚焦交通物流、科技创新、现代农业、文化旅游等领域深化协同。"

12 月 10 日，C 市审批局主动联络广州市政数局，询问是否有通办合作意愿。广州市同意开启前期对接，商议通办事宜，考虑因素包括社会需求和区域需求：

"C 市也是很多人南下打工，在广东的、在广州的都很多，有需求的……H 省整体经济还是比较好的，我们合作未来都肯定是可以带动经济发展的……下周他们局长要过来调研的。"（访谈编号：YGZ210501）

"之前看见 C 市和广州签了一个合作战略协议，这个跨域通办就跟着来了。"（访谈编号：YGZ210501）

"很多城市来找我们都是想沾粤港澳大湾区的边。一般这种市与市之间有个全面合作的框架协议，然后政务服务只是其中的一个子课题。我估计 C 市这个也是这样的。"（访谈编号：YGZ210501）

笔者负责对接广州市与 C 市的前期协调。C 市表示社会需求和区域需求都是其选中广州为通办伙伴的重要原因："C 市一直在推动与粤港澳大湾区城市进行各项合作对接，C 与广州人员来往密切，推进跨省通办合作能更好地给两地人民提供便捷的异地政务服务；广州政务服务工作一直处在全国先进行列，与你们合作也能促进 C 市政务服务水平的提升。"（访谈编号：XC211210）

8.3.2　通办步骤

两市确定合作后，接下来"通办步骤"的流程和一系列协商细节包括：(1)共同拟定合作协议；(2)走文，各自内部请示领导签约；(3)签约授权；(4)互通"跨域通办"窗口专员联系方式及异地代收材料的邮寄地址；(5)挂网公开通办、新闻宣传(非必须)；(6)交换事项清单；(7)各自整理对方通办事项清单，结合本地事项标准、行政资源和服务需求，对清单进行删减，将最终版清单交由技术部门挂网公开。

"通办步骤"的推进中嵌入了双方城市对合作程度的决策因素，是"实际执行"的重头戏，但也从另一个角度揭示了"形式主义"的影响。

第一步，共同拟定合作协议。12月13日，C市发来草拟的《广州·C政务服务"跨省通办"合作协议》，由笔者负责审阅。结合广州通办工作经验，在综合可落地性和对合作目标的考量后，两地共同协商起草了最终协议。

第二步，正规走文程序，各自内部请示领导签约。

第三步，签约授权。两市间签订合作协议，并在协议中明确通办目标、模式，并赋予对方城市窗口工作人员材料收件权。访谈中，相关工作人员表示"要依靠协议保障权责分配"(访谈编号：YGZ211215)。在通办合作的"城市对"中，户籍城市需要授予非户籍城市收件权，权责一致，收件权的授予也同时附带了材料合规合法的检查责任，以及身份核检、确保意思真实[①]的责任。A市负责受理B市业务，虽然A市按照B市给出的材料清单和办事指南合规审核，但是A市还需要进行身份核检，例如证明办事人和材料人是同一个人。而大多数政务大厅没有人脸识别功能，只靠窗口工作人员肉眼识别。如果隐患发生，A市收件时未发现问题，把材料正常寄送到B市，而B市只负责对材料进行实质审查和出具结果，无法对办事人再做身份核检。这其中的错漏是无人知晓的。以不动产业务举例，一项不动产变更的错误执行，可能导致当事人失去房屋财产。

第四步，互通"跨域通办"窗口专员联系方式及异地代收材料的邮寄地址。

第五步，挂网公开通办、新闻宣传(非必须)。挂网公开通办常常紧随签

---

①　举例说明"意思真实"的概念：夫妻二人共同卖房，申请不动产变更服务。窗口人员问"你是要卖房子吗?"丈夫不回答也不点头，妻子问"你怎么回事? 刚才在家不是说好了卖房子吗?"丈夫依然拒绝回应。这种情况属于意思表达不真实，窗口人员会拒绝受理该项申请。

约发生,此时并不需要具体的通办事项清单;新闻宣传并非百分之百出现,但如果某一方城市需要宣传,可以在尚未交换事项清单时进行宣传。

第六步交换事项清单和第七步挂网对方可通办事项,这两步有时会被暂停、跳过甚至无限延期。根据相关工作人员的描述:

"我问他们要了事项清单,他们还没给。"

(笔者:没有事项清单会影响签协议吗?)

"那倒不影响,其实没有也没关系。"(访谈编号:YGZ210501)

与前期广州市工作人员的猜想一致,C 市此次主动联络广州合作通办,确实是服务于宏观战略合作的。确定签约后,C 市表示其市政府领导及审批局领导均前往广州,有较高级别的工作对接。广州市政数局做其中的"跨省通办"子主题配合。C 市在与笔者对接中表示,希望是现场正式签约,需要拍摄新闻照片,C 市将进行媒体宣传。

12 月 17 日,"广州·C 市政务服务'跨省通办'合作协议签署仪式"在广州市政数局顺利完成。

12 月 20 日,X 省人民政府官方网站刊登了此次通办签约信息,其中提到:X 省 C 市与广东省广州市签订了政务服务"跨省通办"合作协议。此次协议,是在《泛珠三角区域内地九省区"跨省通办"合作框架协议》基础上,进一步深化两地政务服务"跨省通办"的深度和广度,构建两地更深层次的联动。

12 月 21 日,C 市将可通办事项清单发至广州。

从广州—C 市的通办合作入手,可以发现合作流程被清晰地分成了两段。一是选择伙伴、签订协议,此时根本没有对事项清单和数量的具体探讨和认定,"刚开始签协议不讨论事项数量啊"(访谈编号:YGZ210501);且拥有较高的新闻宣传、象征性意义。二是贡献合作程度,即梳理和提供通办事项清单。并非所有通办合作城市都如 C 市在签约后立刻提供事项清单,有些城市在与广州签订合作协议很久之后都未上线通办事项。例如,广州与 NC、GY、XN、WM 等市早在 2021 年 5 月之前就签署了通办合作协议,但截至 2021 年 12 月 2 日,相关城市的政务服务通办网页显示其事项清单依然"正在梳理中"。

互相提供可通办事项清单并在政务官网公开清单是否有现实意义?笔者就这一问题仔细询问了多地政务服务大厅的"跨域通办"窗口人员。有窗口人员表示,即使没有清单,如果有老百姓来询问,也会向对方城市打电话咨询可否提供该事项的通办权限;也有窗口人员表示,没有事项清单就代表没有通办权限,窗口人员只是负责行政过程,没有权力要求某个城市为某一个办事人开通某一项事项权限。由上述可知,如果没有事项清单,我们不可能要求全国各地的政务窗口人员都去做职责范围之外的事情——打电话询问对方可否开通这一事项的权限。从审批流程的正规化角度考虑,通办双方公开事项清单是非常有必要和有意义的。

8.4　合作三个层面的逻辑转换机制

8.4.1　整体分析

本小节将从纵向上下级、横向同级和基层决策这三个视角全方位观察通办合作行为,按照现象—决策—结果的顺序全流程解读合作广度/联结与合作程度间的逻辑差异。理论框架如图 8.2 所示。

政务服务通办改革是一项典型的地方政府间合作行为,同时符合一般意义上的政策执行特征。执行涉及纵向的上级干预、横向的同级竞争和基层政府自身的综合决策。

从纵向上下级的视角观察,上级(国家层面和省级层面)设计了留有"孔洞"的考核体系——"孔洞"业务是指上级政府为适度保护基层积极性,对政策执行中的某些环节略去不考(文宏、李慧龙,2019);而地方政府会自觉地向上级展示工作成绩,以"留痕","留痕"业务是指下级政府向上级政府发射信号表明任务完成(季乃礼、王岩泽,2020)。

查看相关考核,如《关于开展 2021 年度重点城市一体化政务服务能力(政务服务"好差评")第三方调查评估工作的通知》(国办电政函〔2021〕67号),其中对"区域通办"指标的评分点在于是否发布事项目录,事项是否在区域内标准一致化等;国家发展改革委组织的"2021 年中国营商环境考核"中对"跨省通办"业务的考核点在于"本地区是否梳理并对外发布了'跨省通办'高频政务服务事项清单",以上均未考核通办的深度,即通办"城市对"中彼此贡献的通办服务数量。

任务目标和考核上的不重视,一方面是源自政务服务通办改革尚是新鲜产物,改革还未进入深水区。另一方面也导致了各城市规避行政成本,重视合作广度与合作联结,以此进行政治宣传,而不重视合作的最终执行阶段,即合作程度。与考核工作相关的访谈证明了这一点:

视角	现象	地方决策	结果
纵向上下级	地方政府向上级"留痕" ⇨ 重视"留痕"业务,倒逼达标 ⇨ 宣传通办签约情况,并匹配流动人口需求		
	上级设计留有"孔洞"的考核体系,适度保护 ⇨ 轻视"孔洞"业务,不达标 ⇨ 通办事项数量堪忧,不匹配流动人口需求		
横向同级	地方政府关注同侪行为 ⇨ 中游策略:不争先,唯恐后 ⇨ 通办各项情况均与同侪行为匹配		
基层决策	业务成本有别 ⇨ 成本—收益导向优于需求导向 ⇨ 通办事项数量堪忧,不匹配流动人口需求		

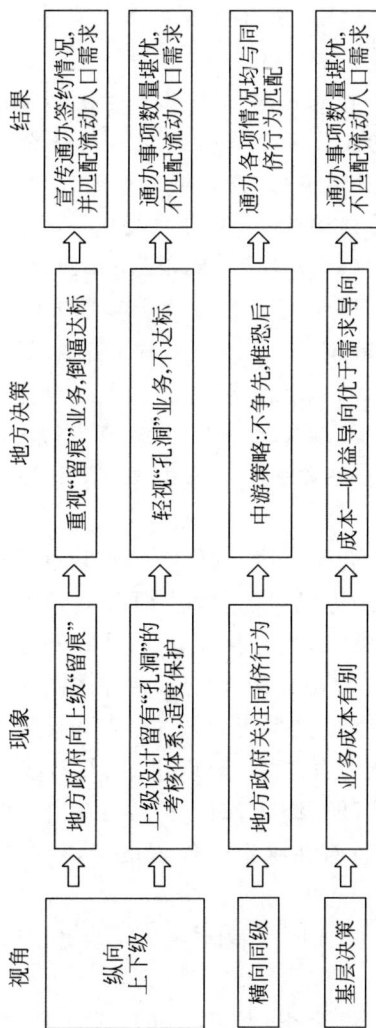

图 8.2　定性分析理论框架

"本来今年关于跨省通办的题目有至少 5 个，会把通办城市、事项数量、专窗情况、建立机制、线上线下融合都考察一遍。但最后国家发展改革委有自己的考虑，认为这个事情'先做了'就算数，毕竟是起始阶段。"（访谈编号：YGZ210501）

"我们有一个考核要求的，没有具体事项的数量要求，只是要求主动联系劳务输出城市。"（访谈编号：QB211206）

"确实会出现这个情况。如果按照每年国家对各地政务服务的考核来看，人口规模这一数据更多的是去判断或者衡定各地区企业和群众在本地区政务服务平台的注册量和开通量（注册比例和开通比例）；而事项数量较少与人口数量直接挂钩。"（访谈编号：YMZ211221）

"现阶段没有考核要求。"（访谈编号：YGZ210501）

从横向同级的角度来看，同侪行为会持续影响地方政府决策。对于模糊目标的政策和模糊收益的政策，大多数地方政府会采取"中游"策略——不争先，唯恐后（彭勃、赵吉，2019）。

"经常和省里沟通的时候就顺便问一下，其他地市的进展情况。我不是说我关注别人，但我总要知道全省平均线在哪里，我们要比平均水平高。"（访谈编号：YGZ210501）

从基层决策的角度来看，合作广度/联结与合作程度这两个阶段的业务成本有别。这源于政务服务通办的执行情境，即流动人口规模和宏观合作关联不仅反映了两城市间的需求，也直接决定了两城市合作后所要付出的执行成本。合作广度/联结只需要对接、沟通、签约，属于一次性行政工作。而合作执行阶段（合作程度）直接关系行政成本，其由服务人群规模和服务事项数量共同决定，需要匹配人力资源、财政供给、行政供给和持续的政策注意力，且自起效之日起不会随意终止，属于持续性工作。成本—收益导向优先于需求导向，因此，地方政府在确定合作程度时，社会需求和区域需求并非最高优先级。

"开业务需要人工审核、视频指导、到件审核，属于行政资源。"（访谈编号：YGZ210501）

"开通那么多事项，要给各（业务）部门把机制说清楚，把（各部门）心里的疙瘩解开。"（访谈编号：YGZ210501）

8.4.2　城市个体的合作行为决策

本小节围绕广州市政务服务通办合作决策案例，描述从广州市开启探索到实践中期、阶段总结和阶段考核等各个流程中的通办执行现象。图 8.3 为要点概览（图中 Z 市为广州市）。

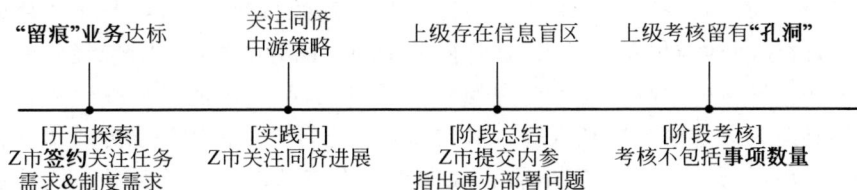

图 8.3　城市个体合作决策分析概览

首先，在政务服务通办工作的初始阶段，广州市对于寻找通办合作伙伴非常重视实际的社会需求和区域需求。通办工作的核心政策目标是服务流动人口异地办事，次要政策目标是服务城市间已有的宏观战略合作，基于此，"留痕"业务可以实现较好的达标。以广州市车辆管理相关政务服务通办举例。广州市公安局车辆管理所负责承办广州市内机动车的注册、变更、抵押，以及驾驶证申请、审检等一系列政务服务，由于车辆管理相关政务事项专业化程度较高，难以由政务服务大厅综合窗口受理，所以这部分业务一直由车辆管理所的专业政务大厅受理。车辆管理所响应国办《意见》及广东省、广州市相关政务服务通办文件精神，联合湖南衡阳、广东汕头和广西防城港等地区的交警部门，建立"点对点"通办机制，实现 208 项事项的跨域通办（截至 2021 年 7 月 2 日）。笔者于 2021 年 12 月调研走访了广州市车辆管理所。车辆管理所负责人表示，车辆管理所在决定通办参与度（合作广度）前，先调入车辆管理所后台系统，查看了异地车辆和驾驶员的申请业务量，并主动联络了业务量需求最多的几个城市。最终实现通办的 3 个城市是既有业务需求，又有较高通办积极性的城市。

其次，在落实通办工作的过程中，广州市也较为关注省内其他地市的通办动向。体现出一种关注同侪的中游策略。一是，广东省政务内网统一更新各地市进展，提供实时、稳定、一致的信息来源。二是，广东省政府内部多份通讯稿密切关注、报道各地市进展，并印发至各地市以供参阅。广州市通办工作相关负责人也表示广州会根据省内平均情况微调自己的合作执行：

"经常和省里沟通的时候就顺便问一下，其他地市的进展情况。"（访谈编号：YGZ210501）

通过一整年的实践，广州市发现并指出了政务服务通办政策设计中的一些问题。通办工作于 2020 年 9 月底在全国推广，一年后，即 2021 年 10

月,广州市向上级部门提交了一份报告,总结了广州落实政务服务通办政策一年来所发现的壁垒,涵盖政策顶层设计、负责单位、落实标准及指标考核等多个方面。政务服务工作是一项庞大且烦琐的行政工作,涉及业务部门众多,区域间标准化差异极大,且直接关系到人民群众生活、生产、经营的方方面面。任何一次政务业务办理的错误或失误,都有可能对百姓生活和企业经营造成极大的损失和困扰。对政务服务进行全国范围的通办改革本就是一项难事,其内在设计需依靠一批常年工作在各地的政务服务一线的业务专家才可保证改革基本质量。从笔者调研的 9 省份 18 地市的实践情况来看,政务服务跨域通办初始阶段更具有探索性意义,后续 2022 年国办发布的《关于扩大政务服务"跨省通办"范围进一步提升服务效能的意见》对通办工作在第一阶段的盲区和难点作出了很有效的补充和指导。

《意见》印发一年后,恰好迎来 2021 年年底的政府机构考核节点。政务服务通办改革作为国务院办公厅的重点关注工作,也必然进入各类相关考核指标体系。然而,笔者通过参与各式年底考核,发现上级考核留有明显的"孔洞"。不论是国家发展改革委组织的全国重点城市营商环境考核,还是国务院办公厅电子政务办公室开展的重点城市一体化政务服务能力考核(又叫政务服务"好差评"考核),这两个直接关系到政务服务通办改革的大型顶层考核都未纳入对合作程度的考核。

例如,在 2021 年国家发展改革委全国重点城市营商环境考核中,唯一与通办相关的项目是:

主题(一)　政务服务标准化——事项清单标准化

问题 5:本地区是否梳理并对外发布了"跨省通办"高频政务服务事项清单?

回答:(1)尚未梳理;(2)已经梳理事项清单,但未在公开渠道发布;(3)已经梳理事项清单,并通过渠道发布。

考核组相关工作人员也证实了上级为了适当保护基层积极性而留有"孔洞"的设计:"本来今年关于跨省通办的题目至少有 5 个,会把通办城市(跨省数量和跨省的市数量)、事项数量、专窗情况、建立机制、线上线下融合都考察一遍。但最后国家发展改革委有自己的考虑,认为这个事情'先做了'就算数,毕竟是起始阶段。所以现在只剩下明面上的一道考题。"(访谈编号:YGZ210501)

又如,《国务院办公厅电子政务办公室关于开展 2021 年度重点城市一体化政务服务能力(政务服务"好差评")第三方调查评估工作的通知》(国办电政函〔2021〕67 号），指标体系中仅包含一个相关指标：

一级指标：办理成熟度 B

二级指标：协同办理 B2

三级指标：区域通办 B2-1

评估要点：调查评估各重点城市在本区域内开展的通办服务的事项梳理发布、纳入国家级基本目录、统一办理标准和统一服务提供等方面情况。重点调查各重点城市依托省级政务服务平台，按照省级统筹的原则，规范有序开展跨省、跨市的市县级通办对接，避免"点对点"重复对接的情况。

笔者认为，出于各种客观因素，上级部门在考核中留下的"孔洞"恰好是通办合作三环节中的最后一个环节，即展示合作程度、双方贡献可通办事项数量的环节。

8.4.3　二元"城市对"的合作行为决策

本小节围绕广州市—Q 省 B 市政务服务通办合作决策案例，按照年初—年中—年末—隔年年初为期共 2 年的时间线，描述介绍两市合作对接情况。图 8.4 为要点概览（图中 Z 市为广州市）。

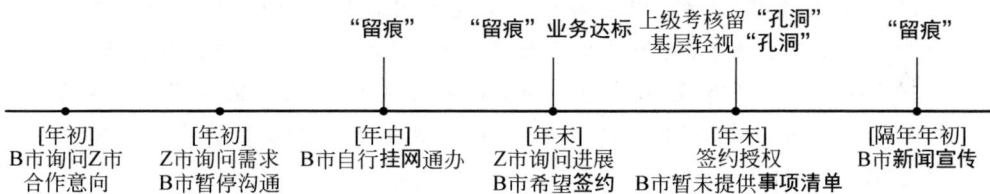

图 8.4　二元"城市对"合作决策分析概览

2021 年年初，Q 省 B 市主动联系广州市政数局，希望能够达成两市合作通办。广州市考虑到实际社会需求，询问 B 市和广州市之间是否有流动人口异地办事的实际需求，若有，则签约。但 B 市一直未作出回应。

2021 年年末，广州市复盘年度工作时发现与 B 市曾经的对接终止，遂主动询问 B 市情况。广州市相关负责人表示考虑到两城市间的帮扶关系和官员异地任职联系，还是愿意和 B 市通办的：

"其实 B 市以前就找我们了，说想通。B 市是广州对口扶贫的，我们好多干部都在那儿任职，所以通一下也是可以的"。（访谈编号：YGZ210501）

12 月，笔者作为广州市方面的政务服务通办联络人，再次与 B 市取得了联络。B 市工作人员表示仍然想与广州通办，并解释了年初联络中断的原因：

"我们省里有一个考核要求的，没有具体事项的数量要求，只是要求主动联系劳务输出城市。所以我们年初就赶紧联系了你们（广州），因为广州是我们的劳务人员输出大市、主要城市。但是当时 W 说需要我们提供一下案例，由于时间太紧张，我们就没有提供案例。"（访谈编号：QB211206）

在对接工作中，笔者发现 B 市暂停通办签约流程的一个更重要的原因。年初时，虽然 B 市没有提供案例，也没有和广州签约，但是广州市的相关工作人员把 B 市的跨域通办窗口工作人员加入了广州的天翼云会议系统。这是一个广州市建立的跨域通办窗口人员联络系统，专门用来沟通通办事项的材料清单、核验标准等事宜。年中 B 市加入这个系统之后，与广州的通办专员取得了联系，因而成功办理了一些 B 市—广州之间的通办事项。之后，B 市自行将广州市写入了其政务服务网的"跨省通办"专区，因为在 B 市看来，虽然两地还未签约，但已有了合作之实，可将其视为工作业绩写入官网。以下是 B 市工作人员的讲述：

"我们加入了你们的天翼云会议，里面有你们的通办专员。这个是最主要的，其实没有协议也没关系，协议只是一个保障。只要能和通办专员联系上，现在很多事情就都可以办好的。前段时间我们也办成功了，就是有人（广州人）社保卡掉了（丢了），就没回广州呀，就在我们这里给他补办上了，那都很简单的。还有哦，我们把能通办的都挂在 Q 省政务服务网跨省通办专区了，其实我们把广州也挂上去了，因为就是我们其实已经通办了嘛。"（访谈编号：QB211206）

笔者询问其是否还有签协议的需求，对方表示考虑到他们有通办考核，仍然希望签订协议：

"有了协议还是好的，因为我们还是有考核嘛。"（访谈编号：QB211206）

在沟通中，B 市表示他们省曾印发文件，要求各地积极探索政务服务"跨省通办"，并对地市寻找合作伙伴给出了方向建议，鼓励"实行毗邻省市协作通办"和"实行劳务输出城市点对点通办"。B 市表示其人社局每年都统计外出务工人员去向（不对社会公开），所以他们可以看到哪些城市是 B 市的劳务输出大市，广州就是其中之一。

最终，广州市政数局在《关于与 Q 省 B 市签订政务服务"跨域通办"合作协议的请示》中提到了与 B 市合作的原因："加大对 B 市政务服务工作的帮扶力度，充分发挥广州政务服务改革辐射带动作用，根据两地企业群众需求及工作实际。"

2021 年年末，广州—B 市两地通过邮寄完成签约，当时 B 市未提供通办事项清单。

2022 年年初，B 市发布其与广州市签订"跨省通办"合作协议的新闻。

8.5　本　章　小　结

众多受访者对政务服务跨域通办的演化逻辑已达成共识。从顶层设计的角度来看，国家推行的"跨域"理念和服务流动人群的目标得到一致认可；2020 年国办电子政务办对此项改革的顶层设计方案只是前期铺垫，旨在引导各地探索创新；2021 年可以被称作"通办元年"，各地级市百花齐放、试验多种通办机制的成效，也因此显现了早期通办工作中的瓶颈和痛点。关注焦点主要有"自上而下标准化的重要性""各地作秀式的签约有无实际意义""政府条块之间的无效磨合""全流程网办对异地代收代办的替代程度"等。从基层决策的角度来看，跨域通办确实包含两个顺时阶段：第一，"我"作为地方政府，要不要和某市达成合作（体现合作联结和合作广度）；第二，"我"作为地方政府，应该提供多少通办事项（体现合作程度）。其中，考虑到政策导向和社会关注，城市的合作广度和合作联结均受到社会需求（流动人口规模）、区域需求（宏观合作关联）、组织需求（省内同侪压力）的正向影响，还受到财政供给水平的显著影响。而在合作程度贡献决策中，地方政府开始立足成本和收益，逐渐忽视了社会需求和区域需求。

访谈者多次提到"有无考核""政治宣传"等词语，这些过程追踪挖掘出了合作广度/联结和合作程度的本质性区别——前者无需成本，却有宣传意义和被考核的可能性；后者关乎成本，宣传意义不大，被考核的可能性极小。城市决策政务服务跨域通办中的形式主义——"形式上符合，实质上违背"——已被揭示。城市对待合作联结、合作广度和合作程度呈现不尽相同的行为逻辑。

综上所述，上级考核体系衍生了"留痕"业务和"孔洞"业务。如图 8.5 所示。于降本和增效之间，基层执行体系在上级盲区内作成本理性选择，最终呈现对合作不同层面的决策差别和行为割裂——在合作广度和联结层面，优先考虑流动人口的需求；在合作程度层面，置后考虑流动人口的需求。

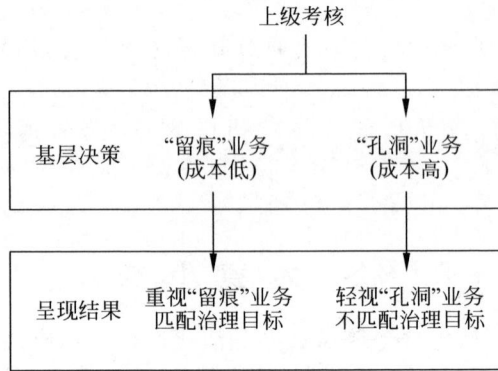

图 8.5　定性分析结论总结

第9章 结论与讨论

9.1 主要结论

破除行政边界限制和户籍制度分割,"以人民为中心"加快推进政务服务"异地可办",是"十四五"时期深化政府职能转变,构建新发展格局的题中之意。依据我国对生产要素合理流动的工作部署,各类公共服务应从与户籍人口挂钩转为与常住人口挂钩,劳动力体系应加快建立跨区域协调和衔接机制。为此,政务服务"跨域通办"合理有效地覆盖了人户分离的特殊情况(尽管这从规模上来看并非特殊),有助于清除区域间人才要素流动障碍,优化企业异地经营营商环境。从目前来看,政务服务通办工作仅取得阶段性成果,未来仍将不断纵深推进,以扩大跨域可办的行政区划合理范围,丰富跨域可办的服务事项种类。

本研究情境化建构了"需求侧—供给侧"的整合性解释框架,选择长三角、珠三角及与其毗邻的共 11 个省份的 155 个城市所组成的 11935 个"城市对",展示其跨域政务合作的样态,实证分析地方政府对合作广度、合作联结和合作程度的行为决策逻辑,"以小见大"地揭示政务服务府际合作的生成机制,为下一阶段的通办改革提出具体可落地的建议,也为这一典型的非毗邻授权型合作提供研究的土壤。

研究通过定量分析识别了合作广度、联结和程度三个层面的逻辑差异(见表 9.1)。合作第一层面"合作广度"是指城市与多少个城市达成通办合作,合作广度受到社会需求和组织需求的正向促进作用。合作第二层面"合作联结"是指两个城市之间是否达成通办合作,合作联结受到两市间社会需求、区域需求、组织需求和财政供给匹配度的正向促进作用。而合作第三层面"合作程度"只依赖于组织需求。这其中的关键差别在于——在政务协同改革的最终落地环节,部分地方政府反而轻视了本该成为核心政策目标的社会需求(流动人口规模),使得跨域政务合作面临"名实分离"的风险。

通过案例分析过程追踪,揭示了这种差异化的根本原因源自上级考核体系衍生了"留痕"业务和"孔洞"业务；流动人口规模在通办前期环节体现政策需求，而在通办后期环节承载执行成本；在降本增效之间，基层执行体系在上级盲区内做成本理性选择，最终呈现对合作不同层面的差异化执行——在选择签约对象和规划签约数量时，关注和重视流动人口需求；在决策事项数量时，将流动人口的需求置于靠后优先级。

表 9.1　合作三个层面定量分析总体结果对比

变量	合作广度（签约城市数量）	合作联结（签约对象匹配）	合作程度（通办事项数量）
需求侧			
社会需求	+ ***	+ % ***	/
区域需求	/	+ % ***	/
组织需求	+ ***	+ % ***	+ ***
供给侧			
行政供给/差值	/	/	/
财政供给/差值	/	- % ***	/
官员资源	/	/	/
控制变量			
产业相似度	N/A	控制	控制
经济/差值	控制	控制	控制
观测值	155	11935	210

注：* 表示 $p < 0.10$，** 表示 $p < 0.05$，*** 表示 $p < 0.01$（双尾检验）；"+"表示正向促进作用，"-"表示反向阻碍作用，"/"表示不稳健或不显著，"N/A"表示不适用；OLS 回归通过 VIF 检验；ZINB 回归通过 force vuong 检验。

9.2　理 论 贡 献

本研究可能的理论贡献集中在以下三个方面：

第一，首次完成对中国政务服务"跨省通办、省内通办"的混合性实证研究。截至 2022 年 12 月本书初稿撰写完毕，学术界对政务服务通办的关注寥寥无几。这缘于通办是一项跨地区、跨部门、包含多种实现途径的复杂系统性改革。笔者通过时间跨度两年的实地调研，发现通办的核心壁垒是地方政府间合作；通过收集多平台的一手数据、构建包含 11935 个样本量和近 50 组变量的原创政务服务跨域通办数据库，得以明确评价通办成果的三个核心指标是签约伙伴数量、合作伙伴匹配度、合作事项数量。据此找到

"府际合作"这一重要研究切入点,对当前跨域政务合作的组织运行规律进行审视总结,增进人们对于这一日趋重要的政策实践的理论认识。

第二,对话理论文献、政策场域和田野素材,整合工具性交易成本逻辑、工具性合作风险逻辑和合法性同侪效应逻辑,构建"跨域政务合作:需求侧—供给侧"解释框架。已有文献聚焦经济发展和环境治理等领域的政府间区域合作,尤以毗邻地区的多边合作为主,分析其背后的嵌入性网络关系和合同机制。然而,作为中国语境下现实存在的一种重要的双边非毗邻授权型合作,鲜有研究系统考察这类合作形成的动力机制。为此,本研究不仅从政务服务通办这一重要领域丰富了学界对中国地方政府间合作逻辑的系统理解,还从双边授权型合作这一实际存在但尚未引起广泛理论关注的合作类型入手,拓展了地方政府间合作的一般性理论。其中,针对通办工作的授权型合作特征,考虑到授权使得合作主体间交互更紧密,对潜在合作风险的关注更多。因此研究着重考虑了工具性维度的动力因素,假设并检验了工具性维度的 5 个解释变量的作用。对于通办的非毗邻合作特征,使用流动人口规模作为主要社会需求,排除地理距离的影响,亦区别于基于地理便利性而达成的毗邻型合作。但从另一个角度来看,流动人口规模和流向其实也覆盖了大部分的地理因素。

第三,在地方政府间合作行为中区分了合作广度、合作联结和合作程度三个层面,并将其置于统一框架下展开实证分析,是首次对合作研究的全维度探索,进一步加深研究者对地方政府间合作背后复杂机理的多维度理解。政府间合作通常包括不同层面,既涉及"与谁合作"也包括"合作多深",即包括广受关注的"城市间是否合作",也包括难以测量的"城市间合作深度如何?"既有文献多聚焦于其中某一个层面,或将三个层面视为合作达成状态的同质化要素,少有研究系统考察多层面在动力机制上的模式异同,从而难以展现整体性理论图景。为此,本研究对合作三个层面的比较分析,不仅有助于揭示政务服务通办的多元模态,还可为后续研究借鉴推广,有助于发展具有中国主体性的地方政府合作理论,为跨域公共服务供给的全球实践贡献中国智慧。

9.3　政　策　启　示

基于研究结论,提出以下四点政策建议:

第一,国家部委层面,自上而下推进事项标准化改革。目前来看,城市间"异地可办"的真实实现并非通过事项标准和流程一致化（即无差别受理），而是各地依然保留各自的办理标准，然后通过传统的邮寄转运方式，模糊化事项标准的差别。举例来说，如果 A 市和 50 个城市开通了政务服务"异地可办"，那么对于相同的一项政务服务，A 市的"跨域通办"窗口人员最多需要学习 50 种不同的办理指南。这是一种低效的"通办"，是对行政资源的浪费。目前这种"点对点"式的联结，无法保证所有城市同步修改某一政务服务事项。因此，事项标准化工作只能通过顶层设计，由各部委从源头推动。按领域和事项种类，自上而下，逐步推动全国范围内的政务服务事项无差别受理。

第二，省级层面，强化考核标准，倒逼务实执行。避免地方政府选择性执行和"形式主义化"的最好方式是考核直击红心。现有的通办改革尚处于初始阶段，尚未进入深水区。因而，自上而下的考核中只零散地、偶尔地涉及对通办合作第一阶段的测评，如"是否有跨省通办"等考题。笔者认为，全面的考核应当从合作广度（说明合作参与活跃度）、合作联结（说明与合作伙伴的联结理由）和合作程度（说明实际开通的政务服务事项数量和清单）三个方面设置，同时应附有"异地可办"业务量数据，从全流程纵深推进通办工作。由于国家部委纵向考核全国面通办绩效时，需要考虑各省份、各地市政务服务标准化工作基础的极大差距，需要顾及地方政府执行和创新的积极性，不便于设置"一刀切"的严格指标。因此建议各省份在自查自考省内地市级别政务服务通办绩效时，适当制定多维度、考深度的指标体系。

第三，城市层面，明确"点对点"通办的最小化行政单位级别。笔者在调研过程中发现一些通办"乱象"，如直辖市和省级政府签约通办，直辖市的区和普通地级市的区签约通办，这造成普通地级市无法与直辖市达成合作联结。而市与市的通办是"异地可办"业务中最重要的实现途径。另外，以区为单位签署的通办协议繁杂且冗余，通办网络混乱，且区与区之间可办事项清单不明确。这令我们不得不思考，这种"点对点"通办的形式是否有必要以区为单位联结？这种行政成本的付出是否真能匹配微弱的业务量给人民群众带来的收益和便利？如果明确这种碎片化联结的最小化行政单位为市级，是不是能兼顾任务效率和社会需求？

第四，部门层面，标准化工作需要多领域多部门统筹执行。在庞大的放管服改革和数字政府建设工作中，政务服务管理部门职能众多，分工复杂，跨域通办改革始终无法与其他相关改革和建设紧密结合。不同的改革专题目标不同，但所有专题都意识不到，现阶段看似百花齐放的创新与特色，都在无形中延迟全域通办标准一致化。政务服务标准化工作需要多领域、多部门的统筹执行,同时需要条块间互相配合,调动足够的人力,加以足够的注意力,才得以缓慢进行。

9.4　研　究　展　望

本研究在以下方面存在局限,这为后续研究提供了方向指引。

第一,横截面数据的内涵有限。由于政务服务"跨省通办、省内通办"政策于 2020 年 9 月开始在全国范围推行,受限于客观数据的可得性,本研究只能采用 2020—2021 年、2021—2022 年的两套横截面数据完成定量实证部分的分析和稳健性检验。尽管我们看到研究样本中的各城市在政务服务通办的元年(2021 年)就完成了大量工作,足以说明本研究的数据已经表征了通办工作中优先级最高的那部分地方政府间合作,并通过了滞后半年取数的稳健性检验,但其建构效度仍然不如面板数据所得结果。在接下来的研究中,笔者拟继续收集数据,用长时段面板数据再次检验本研究的结果,并考虑使用事件史分析,探索其中动态演变的合作情况。

第二,研究样本的范围有限。受限于通办事项数量相关数据的完备程度,对于合作程度的研究,仅聚焦广东省"省内通办"展开实证分析。虽然广东省在政务服务通办工作中具有典型代表性,所谓"管中窥豹,可见一斑"。然而,对于幅员辽阔的大国治理而言,笔者希望后续研究能够基于更大范围的城市样本数据进一步验证合作程度的分析框架,从而深化对政务服务通办合作程度的理解。

第三,个别变量的测量并非最优。本研究将合作行为的关注点之一放在"合作程度"上,并用两市间合作通办的事项数量进行表征。但其实,比合作程度更具有现实意义的是"合作深度"和"合作效度",前者反映两市间合作的机制交互深度,后者表征异地群众和企业通过跨域通办改革所提升的获得感。例如,笔者发现,广州市与深圳市相互之间的通办事项数量并不多,然而它们的通办形式是"无差别受理",即异地事项的材料数量、标准等完全一致,表格样式等完全一致(极其特殊情况除外)。不论是从信息交互频率的角度,还是从协作工作量的角度,"无差别受理"的合作深度都远高于普通的"异地可办",因为后者对事项标准化的一致性要求并不高。然而,这一工作也因定量数据和质性材料受限而没有推进。而对于"合作效度",不论城市间合作广度如何、服务事项数量如何,真正落实在群众生活和企业生产经营中的是改革所带来的获得感。所开通的事项真的是群众和企业迫切需要的事项吗？通过跨域通办所完成的事项受理过程比改革前真的更方便和精简吗？群众和企业的通办事项业务量大吗？这些问题都是落在实处的效度。后续研究会在"合作深度"的探索方面更有精进。

第四，政务数据的异质性不足。政务服务是沟通国家与社会的桥梁之一，是国家直接服务于人民的窗口之一，政务服务的一系列改革也应该与人民群众、企业经营的各项特征紧密相关。人口特征呈现老龄化的城市是否更加注重康养、医疗、保险领域的服务通办？人口特征整体年轻化的城市是否更倾向于婚姻、房产、车辆管理类的服务通办？外资直接使用程度较高的城市是否更加注重外资领域的审批通办？以教育产业为核心支柱的城市是否更加注重学生上学、升学、就业等一系列的服务通办？后续研究应当区分政务服务类型，精细化研究议题。

参 考 文 献

[1]   包国宪,霍春龙,2011.中国政府治理研究的回顾与展望[J].南京社会科学,(9):
       62-68.

[2]   陈剩勇,马斌,2004.区域间政府合作:区域经济一体化的路径选择[J].政治学研
       究,(1).

[3]   陈婉玲,陈学辉,2017.区域交通运输一体化中地方政府利益协调的法律路径[J].
       法学论坛,32(4):101-109.

[4]   崔晶,2015.京津冀都市圈地方政府协作治理的社会网络分析[J].公共管理与政
       策评论,3:35-46.

[5]   范梓腾,王雪纯,2022.政务服务"异地可办"中的地方政府合作逻辑:来自广东省
       的证据[J].中国行政管理,(12):15-25.

[6]   范梓腾,王雪纯,2023.政务服务"跨城通办"的扩容与升级——基于府际合作的视
       角[J].中国行政管理,39(11):45-53.

[7]   何精华,2011.府际合作治理:生成逻辑、理论涵义与政策工具[J].上海师范大学
       学报(哲学社会科学版),40(6):41-48.

[8]   季乃礼,王岩泽,2020.基层政府中的"留痕形式主义"行为:一个解释框架[J].吉
       首大学学报(社会科学版),41(4):97-106.

[9]   蓝志勇.2020.探索地方政务服务机构的治理之道——评《整合与形塑:地方政务
       服务机构的运作机制》[J].中国行政管理,12:151-152.

[10]   李辉,2004.区域一体化中地方政府间合作的预期与挑战——以协同理论为分析
       框架[J].社会科学辑刊,1:107-110.

[11]   李利文,2019.公共服务供给碎片化研究进展:类型、成因与破解模型[J].国外理
       论动态,(1).

[12]   李瑞昌,2015.界定"中国特点的对口支援":一种政治性馈赠解释[J].经济社会
       体制比较,(4):194-204.

[13]   李瑞昌,2020.论政府间新型互助关系成长:源起、动力和路径[J].社会科学,
       (12):3-12.

[14]   李响,2011.基于社会网络分析的长三角城市群网络结构研究[J].城市发展研
       究,(12):80-85.

[15]   李响,陈斌,2020."聚集信任"还是"扩散桥接"?——基于长三角城际公共服务
       供给合作网络动态演进影响因素的实证研究[J].公共行政评论,(4).

[16]   李响,严长乐,2013.区域公共治理合作网络实证分析——以长三角城市群为例

[J].城市问题,(5)：77-83.

[17]　李晓飞,2016.跨省户籍制度改革中的府际博弈与利益整合[J].行政论坛, 23(3)：43-48.

[18]　刘冰,2022."跨省通办"中数据共享的新挑战及协同治理策略[J].电子政务, (2).

[19]　刘亚平,刘琳琳,2010.中国区域政府合作的困境与展望[J].学术研究,(12)： 38-45,159.

[20]　卢文超,2018.区域协同发展下地方政府的有效合作意愿——以京津冀协同发展 为例[J].甘肃社会科学,(2)：201-208.

[21]　骆梅英,2013.行政审批制度改革：从碎片政府到整体政府[J].中国行政管理, (5)：21-25.

[22]　马草原,李廷瑞,孙思洋,2021.中国地区之间的市场分割——基于"自然实验"的 实证研究[J].经济学(季刊),21(3)：931-950.

[23]　马捷,锁利铭,2019.城市间环境治理合作：行动、网络及其演变——基于长三角 30个城市的府际协议数据分析[J].中国行政管理,(9).

[24]　马捷,锁利铭,陈斌,2014.从合作区到区域合作网络：结构、路径与演进——来 自"9+2"合作区191项府际协议的网络分析[J].中国软科学,(12).

[25]　马亮,2021.政务服务治理：一个理论框架[J].西北师大学报(社会科学版),(3)： 94-101.

[26]　孟天广,2021.政府数字化转型的要素、机制与路径——兼论"技术赋能"与"技术 赋权"的双向驱动[J].治理研究,37(1)：5-14,2.

[27]　彭勃,赵吉,2019.折叠型治理及其展开：基层形式主义的生成逻辑[J].探索与争 鸣,(11)：92-101,158-159,161.

[28]　彭彦强,2013.论区域地方政府合作中的行政权横向协调[J].政治学研究,(4).

[29]　饶常林,2014.中国地方政府合作的博弈分析：困境与消解[J].北京理工大学学 报(社会科学版),16(5)：59-64.

[30]　苏苗罕,2015.地方政府跨区域合作治理的路径选择[J].国家行政学院学报, (5)：57-61.

[31]　孙涛,温雪梅,2018.动态演化视角下区域环境治理的府际合作网络研究——以 京津冀大气治理为例[J].中国行政管理,(5).

[32]　锁利铭,阚艳秋,涂易梅,2018a.从"府际合作"走向"制度性集体行动"：协作性区 域治理的研究述评[J].公共管理与政策评论,7(3)：83-96.

[33]　锁利铭,李雪,阚艳秋,等,2018b."意愿—风险"模型下地方政府间合作倾向研 究——以泛珠三角为例[J].公共行政评论,(5).

[34]　锁利铭,马捷,陈斌,2017.区域环境治理中的双边合作与多边协调——基于 2003—2015年泛珠三角协议的分析[J].复旦公共行政评论,(8).

[35]　锁利铭,杨峰,刘俊,2013.跨界政策网络与区域治理：我国地方政府合作实践分 析[J].中国行政管理,(1)：39-43.

[36] 锁利铭,张朱峰,2016.科技创新、府际协议与合作区地方政府间合作——基于成都平原经济区的案例研究[J].上海交通大学学报(哲学社会科学版),24(4):61-71.

[37] 谭海波,2018.整合与形塑:地方政务服务机构的运作机制——J市行政服务中心的个案考察 1997—2011[M].北京:社会科学文献出版社.

[38] 童昀,马勇,刘海猛,2020.COVID-19 疫情对中国城市人口迁徙的短期影响及城市恢复力评价[J].地理学报,75(11):2505-2520.

[39] 文宏,李慧龙,2019.府际关系视角下基层形式主义的本质与逻辑重思[J].探索与争鸣,(11):102-110,159.

[40] 邢华,2014.我国区域合作治理困境与纵向嵌入式治理机制选择[J].政治学研究,(5).

[41] 杨爱平,2011.区域合作中的府际契约:概念与分类[J].中国行政管理,(6):100-104.

[42] 杨金玲,2018.区域经济一体化进程中地方政府利益博弈与角色重构[J].领导科学,(17):10-12.

[43] 杨龙,彭彦强,2009.理解中国地方政府合作——行政管辖权让渡的视角[J].政治学研究,(4).

[44] 余璐,戴祥玉,2018.经济协调发展、区域合作共治与地方政府协同治理[J].湖北社会科学,(7):38-45.

[45] 张紧跟,2010.区域公共管理制度创新分析:以珠江三角洲为例[J].政治学研究,(3):63-75.

[46] 张紧跟,2013.府际治理:当代中国府际关系研究的新趋向[J].学术研究,(2).

[47] 郑文强,刘滢,2014.政府间合作研究的评述[J].公共行政评论,7(6):107-128,165-166.

[48] 周凌一,2022.地方政府协同治理的逻辑:纵向干预的视角[M].上海:复旦大学出版社.

[49] 周志忍,蒋敏娟,2013.中国政府跨部门协同机制探析——一个叙事与诊断框架[J].公共行政评论,(1).

[50] 朱仁显,李佩姿,2021.跨区流域生态补偿如何实现横向协同?——基于13个流域生态补偿案例的定性比较分析[J].公共行政评论,(1).

[51] 朱旭峰,张友浪,2015.创新与扩散:新型行政审批制度在中国城市的兴起[J].管理世界,(10).

[52] Agranoff R,McGuire M,1998. Multinetwork Management:Collaboration and the Hollow State in Local Economic Policy[J]. Journal of Public Administration Research and Theory,8(1):67-91.

[53] Agranoff R,McGuire M,2001. American Federalism and the Search for Models of Management[J]. Public Administration Review,61(6):671-681.

[54] Agranoff R,McGuire M,2004. Collaborative public management:New strategies

for local governments[M]. Washington, DC: Georgetown University Press.

[55] Aldag A M, Warner M, 2018. Cooperation, Not Cost Savings: Explaining Duration of Shared Service Agreements[J]. Local Government Studies, 44 (3): 350-370.

[56] Alonso J, Andrews R, Hodgkinson I, 2016. Institutional, ideological and political influences on local government contracting: Evidence from England[J]. Public Administration, 94: 244-262.

[57] Andrew S A, 2009. Regional integration through contracting networks: An empirical analysis of institutional collection action framework[J]. Urban Affairs Review, 44(3): 378-402.

[58] Andrews R, Ferry L, Skelcher C, et al., 2020. Corporatization in the Public Sector: Explaining the Growth of Local Government Companies [J]. Public Administration Review, 80(3): 482-493.

[59] Ansell C, Gash A, 2008. Collaborative governance in theory and practice[J]. Journal of public administration research and theory, 18(4): 543-571.

[60] Barreto I, Baden-Fuller C, 2006. To Conform or to Perform? Mimetic Behaviour, Legitimacy-Based Groups and Performance Consequences [J]. Journal of Management Studies, 43(7): 1559-1581.

[61] Baybeck B, Berry W D, Siegel D A, 2011. A strategic theory of policy diffusion via intergovernmental competition[J]. The Journal of Politics, 73(1): 232-247.

[62] Bel G, Dijkgraaf E, Fageda X, et al., 2010. Similar problems, different solutions: Comparing refuse collection in the Netherlands and Spain [J]. Public Administration, 88(2): 479-495.

[63] Bel G, Warner M E, 2014. Factors explaining inter-municipal cooperation in service delivery: a meta-regression analysis [J]. Journal of Economic Policy Reform, 19: 115-191.

[64] Bel G, Warner M E, 2015. Inter-municipal cooperation and costs: expectations and evidence[J]. Public Administration, 93(1): 52-67.

[65] Ben-Aaron J, Denny M, Desmarais B, et al., 2017. Transparency by conformity: A field experiment evaluating openness in local governments [J]. Public Administration Review, 77(1): 68-77.

[66] Bianchi C, Nasi G, Rivenbark W C, 2021. Implementing collaborative governance: models, experiences, and challenges[J]. Public Management Review, 23 (11): 1581-1589.

[67] Bickers K N, Stein R M, 2004. Interlocal cooperation and the distribution of federal grant awards. Journal of Politics, 66(3): 800-822.

[68] Bickers K N, Stein R M, Post S, 2010. The political market for intergovernmental cooperation[M]//Feiock R C, Scholz J T (Eds.). Self-organizing federalism:

Collaborative mechanisms to mitigate institutional collective action dilemmas. Cambridge,UK: Cambridge University Press: 161-177.

[69] Brierly A,2004. Issues of scale and transaction costs in city-county consolidation [M]//Carr J B, Feiock R C (Eds.). City-county consolidation and its alternatives: Reshaping the local government landscape. Armonk, NY: M. E. Sharpe: 55-86.

[70] Brown T L,Potoski M,2003. Transaction costs and institutional explanations for government service production decisions[J]. Journal of Public Administration research and theory,13(4): 441-468.

[71] Cao Z, Derudder B, Peng Z, 2019. Interaction between different forms of proximity in inter-organizational scientific collaboration: The case of medical sciences research network in the Yangtze River Delta region[J]. Papers in Regional Science,98(5): 1903-1924.

[72] Carr J B,Feiock R C, Eds, 2004. City-county consolidation and its alternatives: Reshaping the local government landscape[M]. Armonk,NY: M. E. Sharpe.

[73] Carr J B, Gerber E R, Lupher E W, 2009. Explaining horizontal and vertical cooperation on public services in Michigan: The role of local fiscal capacity[M]// Sands G,Jelier R(Eds.). Metropolitan affairs in Michigan: Case studies and best practices. East Lansing,US: Michigan State University Press: 207-236.

[74] Carr J B,Leroux K,Shrestha M,2009. Institutional Ties,Transaction Costs,and External Service Production[J]. Urban Affairs Review,44(3): 403-427.

[75] Cedergren E,Huynh D,Kull M,et al.,2021. Public service delivery in the Nordic Region: an exercise in collaborative governance. Nordregio Report,2021[R/OL]. [2024-12-31]. http://doi. org/10. 6027/R2021: 4. 1403-2503.

[76] Cedergren E,Huynh D,Kull M,et al.,2021. Public service delivery in the Nordic Region: an exercise in collaborative governance[J]. Nordregio Report,2021: 4.

[77] Chapman G,Lucena A,Afcha S,2018. R&D subsidies & external collaborative breadth: Differential gains and the role of collaboration experience[J]. Research Policy,47(3): 623-636.

[78] Chen B,Ma J,Feiock R,et al.,2019. Factors Influencing Participation in Bilateral Interprovincial Agreements: Evidence from China's Pan Pearl River Delta[J]. Urban Affairs Review,55(3): 923-949.

[79] Chen Y C, Thurmaier K, 2009. Interlocal agreements as collaborations: An empirical investigation of impetuses, norms, and success [J]. The American Review of Public Administration,39(5): 536-552.

[80] Choi Y,Woo H,2022. Understanding diverse types of performance information use: evidence from an institutional isomorphism perspective [J]. Public Management Review,24(12): 2033-2052.

［81］ Clark J P,1938. The Rise of a New Federalism：Federal-State Cooperation in the United States［M］. New York：Columbia University Press.

［82］ Coase R,1960. The problem of social cost［J］. Journal of Law and Economics,3(1)：1-44.

［83］ Conner T W,Witt S L,2016. The Role of Capacity and Problem Severity in Adopting Voluntary Intergovernmental Partnerships：The Case of Tribes,States,and Local Governments［J］. State and Local Government Review,48(2)：87-99.

［84］ Creswell J W,Plano Clark V L,2018. Designing and conducting mixed methods research［M］. 3rd ed. Thousand Oaks,CA：SAGE.

［85］ Dacin M T, Hitt M A, Levitas E, 1997. Selecting partners for successful international alliances：Examination of US and Korean firms［J］. Journal of world business,32(1)：3-16.

［86］ Dawes S S,Prefontaine L,2003. Understanding new models of collaboration for delivering government services［J］. Communications of the ACM,46(1)：40-42.

［87］ Deller S C, Rudnicki E, 1992. Managerial efficiency in local government：Implications on jurisdictional consolidation［J］. Public Choice,74(2)：221-231.

［88］ Dickinson H, Sullivan H, 2014. Towards a general theory of collaborative performance：The importance of efficacy and agency［J］. Public Administration,92：161-177.

［89］ DiMaggio P J, Powell W W, 1983. The Iron Cage Revisited：Institutional Isomorphism and Collective Rationality in Organizational Fields［J］. American Sociological Review 48(2)：147-160.

［90］ Dixit A,1973. The optimum factory town［J］. The Bell Journal of Economics and Management Science：637-651.

［91］ Dixon R, Elston T, 2020. Efficiency and legitimacy in collaborative public management：Mapping inter-local agreements in England using social network analysis［J］. Public Administration,98(3)：746-767.

［92］ Dobbin F,Simmons B,Garrett G,2007. The global diffusion of public policies：Social construction,coercion,competition,or learning? ［J］. Annu. Rev. Sociol. ,33：449-472.

［93］ Elazar D J,1962. The American Partnership［M］. Chicago：University of Chicago Press：336.

［94］ ESPON,2018,Cross-border Public Services (CPS) Targeted Analysis.

［95］ Fadzil F H,Nyoto H,2011. Fiscal decentralization after implementation of local government autonomy in Indonesia［J］. World Review of Business Research,1(2)：51-70.

［96］ Fan C C,Li T,2020. Split households,family migration and urban settlement：Findings from China's 2015 national floating population survey［J］. Social

Inclusion,8(1): 252-263.

[97] Fan C S, Lin C, Treisman D, 2009. Political decentralization and corruption: Evidence from around the world[J]. Journal of Public Economics, 93 (1-2): 14-34.

[98] Feiock R C,2007. Rational Choice and Regional Governance[J]. Journal of Urban Affairs,29(1): 47-63.

[99] Feiock R C,2009. Metropolitan Governance and Institutional Collective Action [J]. Urban Affairs Review,44(3): 356-377.

[100] Feiock R C,2013. The Institutional Collective Action Framework[J]. Policy Studies Journal,41(3): 397-425.

[101] Feiock R C,2014. How cities collaborate while competing in the new economy [M]// Pagano M A,Ed. Metropolitan resilience in a time of economic turmoil. Champaign,US: University of Illinois Press: 89-112.

[102] Feiock R C,Lee I W,Park H J,2012. Administrators' and Elected Officials' Collaboration Networks: Selecting Partners to Reduce Risk in Economic Development[J]. Public Administration Review,72(s1).

[103] Feiock R C, Scholz J T, 2010. Self-organizing federalism: Collaborative mechanisms to mitigate institutional collective action dilemmas[M]. Cambridge, UK: Cambridge University Press: 315.

[104] Festinger L,Back K W,Schachter S,1950. Social Pressure in Informal Groups [M]. New York: Harper.

[105] Fisman R,Shi J,Wang Y,et al. ,2020. Social ties and the selection of China's political elite[J]. American Economic Review,110(6): 1752-1781.

[106] Fowler L,2018. When Need Meets Opportunity: Expanding Local Air Networks [J]. The American Review of Public Administration,48(3): 219-231.

[107] Frederickson H G,1999. The repositioning of American public administration [J]. PS: Political Science & Politics,32: 701-711.

[108] Gerber E R, Loh C H, 2014. Spatial dynamics of vertical and horizontal intergovernmental collaboration[J]. Journal of Urban Affairs,37(3): 270-288.

[109] Geringer J M, 1991. Strategic determinants of partner selection criteria in international joint ventures[J]. Journal of international business studies,22(1): 41-62.

[110] Gilad S,2021. Mixing Qualitative and Quantitative Methods in Pursuit of Richer Answers to Real-World Questions [J]. Public Performance & Management Review,44(5): 1075-1099.

[111] Gilardi F,2010. Who learns from what in policy diffusion processes? [J]. American journal of political science,54(3): 650-666.

[112] Goldsmith M J, Page E C, Eds. , 2010. Changing government relations in

Europe：from localism to intergovernmentalism（Vol. 67）［M］. London：Routledge.

[113] Greer S L,2007. Nationalism and self-government：The politics of autonomy in Scotland and Catalonia[M]. New York：State University of New York Press.

[114] Grodzins M,1960. The federal system,In Goals for Americans,The Report of the President's Commission on National Goals[M]. New York：Prentice Hall：265-268.

[115] Hein C,Pelletier P,2006. Cities,autonomy,and decentralization in Japan[M]. [S. l.]：Taylor & Francis.

[116] Hirsch W Z, 1959. Expenditure Implications of Metropolitan Growth and Consolidation[J]. Review of Economics and Statistics,41,3：232-241.

[117] Hu Q,Zhang H,Kapucu N,et al. ,2020. Hybrid coordination for coping with the medical surge from the covid pandemic：paired assistance programs in China [J]. Public Administration Review,80(5)：895-901.

[118] International City/County Management Association, 2003. Alternative Service Delivery Survey(2002-2003)[M]. Washington,DC：ICMA.

[119] International City/County Management Association. 2019. Alternative Service Delivery Survey(2017)[M]. Washington,DC：ICMA.

[120] Janssen M,Joha A,2006. Motives for establishing shared service centers in public administrations[J]. International journal of information management,26(2)：102-115.

[121] Joassart-Marcelli P,Musso J,2005. Municipal service provision choices within a metropolitan area[J]. Urban Affairs Review,40：492-519.

[122] Jung C,Jeong S-H,2013. Effects of Service Characteristics on Interlocal Cooperation in U. S. Cities：A Pooled Regression Analysis[J]. International Journal of Public Administration,36(5)：367-380.

[123] Kalesnikaite V,Neshkova M I,2021. Problem Severity,Collaborative Stage,and Partner Selection in US Cities[J]. Journal of Public Administration Research and Theory,31(2)：399-415.

[124] Katz D,Kahn R,2015. The social psychology of organizations［M］// Organizational behavior 2. London：Routledge：152-168.

[125] Kessa R,Sadiq A A,Yeo J,2021. The Importance of Vertical and Horizontal Collaboration：United States' Response to COVID-19 Pandemic[J]. Chinese Public Administration Review,(1).

[126] Ki N,Kwak C,Song M,2020. Strength of Strong Ties in Intercity Government Information Sharing and County Jurisdictional Boundaries ［J］. Public Administration Review,80(1)：23-35.

[127] Knoben J, Oerlemans L A G, 2006. Proximity and inter-organizational

collaboration: A literature review[J]. International Journal of Management Reviews,8(2): 71-89.

[128] Kobarg S,Stumpf-Wollersheim J,Welpe I M,2019. More is not always better: Effects of collaboration breadth and depth on radical and incremental innovation performance at the project level[J]. Research Policy,48(1): 1-10.

[129] Krane D, Leach R H, 2018. Federalism and intergovernmental relations: theories,ideas,and concepts[M]//Handbook of public administration. London: Routledge: 481-500.

[130] Krueger E L,2005. A transaction costs explanation of inter-local government collaboration[Z]. University of North Texas.

[131] Krueger S,McGuire M, 2005. A Transaction Costs Explanation of Interlocal Government Collaboration [R/OL]. Working Group on Interlocal Services Cooperation. Paper 21. http://digitalcommons. wayne. edu/interlocal_coop/21.

[132] Kwak C-G,Feiock R C,Hawkins C,et al. ,2016. Impacts of Federal Stimulus Funding on Economic Development Policy Networks among Local Governments [J]. Review of Policy Research,33(2): 140-159.

[133] Kwon S-W, Feiock R C, 2010. Overcoming the Barriers to Cooperation: Intergovernmental Service Agreements [J]. Public Administration Review, 70(6): 876-884.

[134] Kwon S-W,Feiock R C,Bae J,2014. The roles of regional organizations for interlocal resource exchange: Complement or substitute? [J]. American Review of Public Administration,44: 339-357.

[135] Ladd H F,1992. Population growth,density and the costs of providing public services[J]. Urban Studies,29(2): 273-295.

[136] Laursen B,Faur S,2022. What does it mean to be susceptible to influence? A brief primer on peer conformity and developmental changes that affect it[J]. International journal of behavioral development,46(3): 222-237.

[137] Lawrence P R,Lorsch J W, 1967. Organization and Environment: Managing Differentiation and Integration[M]. Cambridge,MA: Harvard University Press.

[138] Lee I-W,Feiock R C,Lee Y,2012. Competitors and Cooperators: A Micro-Level Analysis of Regional Economic Development Collaboration Networks[J]. Public Administration Review,72(2): 253-262.

[139] Lee S,Yeo J,Na C,2020. Learning from the past: Distributed cognition and crisis management capabilities for tackling COVID-19[J]. The American Review of Public Administration,50(6-7): 729-735.

[140] Leeds B A, 1999. Domestic political institutions, credible commitments, and international cooperation [J]. American Journal of Political Science, 43 (4): 979-1002.

[141] Leroux K,Brandenburger P W,Pandey S K,2010. Interlocal Service Cooperation in U. S. Cities：A Social Network Explanation[J]. Public Administration Review,70(2)：268-278.

[142] Leroux K,Brandenburger P W,Pandey S K,2010. Interlocal Service Cooperation in U. S. Cities：A Social Network Explanation[J]. Public Administration Review,70(2)：268-278.

[143] Leroux K,Carr J B,2007. Explaining Local Government Cooperation on Public Works：Evidence from Michigan[J]. Public Works Management and Policy,12(1)：344-358.

[144] Leroux K, Carr J B, 2010. Prospects for Centralizing Services in an Urban County：Evidence from Eight Self-Organized Networks of Local Public Services [J]. Journal of Urban Affairs,32(4)：449-470.

[145] Li R,2015. Defining the paired-assistance policy (PAP)：a perspective of political gifts (in Chinese) [J]. Comparative Economics and Social Systems,30(6)：194-204.

[146] Liu Y,Wu J,Yi H,et al.,2021. Under what conditions do governments collaborate? A qualitative comparative analysis of air pollution control in China [J]. Public Management Review,23(11)：1664-1682.

[147] Lubell M,Schneider M,Scholz J T,et al.,2002. Watershed partnerships and the emergence of collective action institutions[J]. American Journal of Political Science,46(1)：48-163.

[148] Lundin M,Öberg P,Josefsson C,2015. Learning from success：Are successful governments role models? [J]. Public Administration,93(3)：733-752.

[149] Ma L,Christensen T,Zheng Y,2021. Government technological capacity and public-private partnerships regarding digital service delivery：Evidence from Chinese cities[J]. International Review of Administrative Sciences, 89 (1)：95-111.

[150] MacIndoe H,2013. Reinforcing the safety net：Explaining the propensity for and intensity of nonprofit-local government collaboration [J]. State and Local Government Review,45(4)：283-295.

[151] Mackenzie P W,2002. Strangers in the city：The hukou and urban citizenship in China[J]. Journal of International Affairs：305-319.

[152] McGuire M,Silvia C,2010. The effect of problem severity,managerial and organizational capacity,and agency structure on intergovernmental collaboration：Evidence from local emergency management[J]. Public Administration Review,70(2)：279-288.

[153] McLaughlin H,2004. Partnerships：Panacea or pretence? [J]. Journal of Interprofessional Care,18：103-113.

[154] Mele V,Belardinelli P,2019. Mixed Methods in Public Administration Research: Selecting, Sequencing, and Connecting [J]. Journal of Public Administration Research and Theory,29(2): 334-347.

[155] Meyer J W,Rowan B,1977. Institutionalized Organizations: Formal Structure as Myth and Ceremony[J]. American Journal of Sociology,83(2): 340-363.

[156] Minkoff S L,2013. From competition to cooperation: A dyadic approach to interlocal developmental agreements[J]. American Politics Research, 41 (2): 261-297.

[157] Montinola G, Qian Y, Weingast B R, 1995. Federalism, Chinese style: the political basis for economic success in China[J]. World politics,48(1): 50-81.

[158] Nordregio,Ed. ,2014. Public service delivery: In the Nordic Region: 14-16.

[159] Nylén U, 2007. Interagency collaboration in human services: Impact of formalization and intensity on effectiveness[J]. Public Administration,85(1): 143-166.

[160] Oates W,1972. Fiscal Federalism[M]. New York: Harcourt Brace Jovanovich.

[161] Oliver C, 1990. Determinants of interorganizational relationships: Integration and future directions[J]. Academy of Management Review,15: 241-265.

[162] Opper S, Nee V, Brehm S, 2015. Homophily in the career mobility of China's political elite[J]. Social science research,54: 332-352.

[163] Organization for Economic Co-operation and Development, 2011. How DAC members work with civil society organizations: An overview[M]. Development Co-operation Directorate Development Assistance Committee, Trans. Paris, France: Author: 64.

[164] Ostrom E,1990. Governing the commons: The evolution of institutions for collective action[M]. Cambridge: Cambridge University Press.

[165] Ostrom E,2005. Understanding institutional diversity[M]. Princeton: Princeton University Press.

[166] O'Toole L J, ed, 2000. American intergovernmental relations: Foundations, perspectives,and issues[M]. 3d ed. Washington,DC: CQ Press.

[167] O'Toole L J, Meier K J, 2004. Public management in intergovernmental networks: Matching structural networks and managerial networking[J]. Journal of public administration research and theory,14(4): 469-494.

[168] Park A Y S, Krause R M, Feiock R C, 2019. Does Collaboration Improve Organizational Efficiency? A Stochastic Frontier Approach Examining Cities' Use of EECBG Funds [J]. Journal of Public Administration Research and Theory,29(3): 414-428.

[169] Petrovsky N,Avellaneda C N,2014. Mayoral public sector work experience and tax collection performance in Colombian local governments [J]. International

Public Management Journal,17(2): 145-173.

[170] Phillimore J,2013. Understanding Intergovernmental Relations: Key Features and Trends[J]. Australian Journal of Public Administration,72(3): 228-238.

[171] Piña G,Avellaneda C N,2018. Municipal isomorphism: Testing the effects of vertical and horizontal collaboration[J]. Public Management Review, 20 (4): 445-468.

[172] Post S S, 2004. Metropolitan Area Governance and Institutional Collective Action[M]//Feiock R C, ed. Metropolitan Governance: Conflict, Competition, and Cooperation. Washington,DC: Georgetown University Press: 67-92.

[173] Reynolds L,2003. Intergovernmental cooperation,metropolitan equity, and the new regionalism[J]. Washington Law Review,78: 93-160.

[174] Rubado M E,2021. From Neighbors to Partners: The Adoption of Interlocal Government Collaboration in the United States,1977-2007[J]. Administration and Society,53(5): 708-736.

[175] Scholz J T, Berardo R, Kile B, 2008. Do networks solve collective action problems? Credibility, search, and collaboration[J]. The Journal of Politics, 70(2): 393-406.

[176] Scott W R,2013. Institutions and Organizations: Ideas,Interests,and Identities [M]. Fourth Edition. Thousand Oaks,CA: Sage Publications,Inc.

[177] Scott W R,Davis G F,2007. Organizations and Organizing: Rational,Natural, and Open System Perspectives[M]. Upper Saddle River,NJ: Pearson Prentice Hall.

[178] Sedgwick D,2016. Managing Collaborative Paradox: Examining Collaboration Between Head Start and the Virginia Preschool Initiative[J]. Administration & Society,48(2): 190-215.

[179] Shaeffer E C, Bryant W C, 1983. Structures and Processes for Effective Collaboration among Local Schools,Colleges and Universities: A Collaborative Project of Kannapolis Schools[M]. Charlotte: Livingstone College,University of North Carolina.

[180] Sherstha M,Feiock R C,2016. Local government policy networks[M]//Victor J,Lubell M,Montgomery A H (Eds.). Handbook of political networks. New York: Oxford University Press.

[181] Shih V, Adolph C, Liu M, 2012. Getting ahead in the communist party: explaining the advancement of central committee members in China [J]. American political science review,106(1): 166-187.

[182] Shipan C R,Volden C,2008. The mechanisms of policy diffusion[J]. American journal of political science,52(4): 840-857.

[183] Shrestha M K,Feiock R C,2011. Transaction cost,exchange embeddedness,and

interlocal cooperation in local public goods[J]. Political Research Quarterly, 64(3): 573-587.

[184] Silitonga M, Marijtje van D, Liesbet H, et al. , 2019. Setting a good example? The effect of leader and peer behavior on corruption among Indonesian senior civil servants[J]. Public Administration Review, 79(4): 565-579.

[185] Song M, Park H J, Jung K, 2018. Do political similarities facilitate interlocal collaboration?[J]. Public Administration Review, 78(2): 261-269.

[186] SØrensen R J, 2007. Does dispersed public ownership impair efficiency? The case of refuse collection in Norway [J]. Public administration, 85 (4): 1045-1058.

[187] Steinacker A, 2004. Game-theoretic models of metropolitan cooperation. Metropolitan governance: Conflict, competition, and cooperation [M]. Washington, DC: Georgetown University Press.

[188] Stewart J, 2000. The nature of British local government [M]. Basingstoke: Macmillan.

[189] Strebel M A, Bundi P A, 2022. policy-centred approach to inter-municipal cooperation[J]. Public Management Review: 1-22.

[190] Sullivan H, Williams P, Marchington M, et al. , 2013. Collaborative futures: Discursive realignments in austere times[J]. Public Money & Management, 33: 123-130.

[191] Tang G, 2020. Research on transformation from "paired assistance" to "collaborative networks" in post-disaster recovery of 2008 Wenchuan Earthquake, China[J]. Natural Hazards, 104(1): 31-53.

[192] Thompson J D, 1967. Organizations in Action[M]. New York: McGraw-Hill.

[193] Thurmaier K, Wood C W, 2002. Interlocal Agreements as Overlapping Social Networks: Picket-Fence Regionalism in Metropolitan Kansas City[J]. Public Administration Review, 62: 585-598.

[194] Tong Y, Ma Y, Liu H, 2020. The short-term impact of COVID-19 epidemic on the migration of Chinese urban population and the evaluation of Chinese urban resilience. (in Chinese)[J]. Acta Geographica Sinica, 75(11).

[195] Trach J S, 2012. Degree of Collaboration for Successful Transition Outcomes[J]. Journal of Rehabilitation, 78(2).

[196] Treisman D, 2000. Decentralization and inflation: commitment, collective action, or continuity? [J]. American Political Science Review, 94(4): 837-857.

[197] Usman S, 2002. Regional autonomy in Indonesia: field experiences and emerging challenges[Z]. A Paper Prepared for The 7th PRSCO Summer Institute/The 4th IRSA International Conference: Decentralization, Natural Resources, and Regional Development in the Pacific Rim.

［198］ Warner M E, Aldag A M, Kim Y, 2021. Privatization and intermunicipal cooperation in US local government services: Balancing fiscal stress, need and political interests. Public Management Review, 23(9): 1359-1376.

［199］ Warner M, Hefetz A, 2002. Applying market solutions to public services: An assessment of efficiency, equity, and voice[J]. Urban Affairs Review, 38(1): 70-89.

［200］ Weible C M, Nohrstedt D, Cairney P, et al., 2020. COVID-19 and the policy sciences: initial reactions and perspectives[J]. Policy sciences, 53(2): 225-241.

［201］ Williamson O E, 1981. The economics of organization: The transaction cost approach[J]. American journal of sociology, 87(3): 548-577.

［202］ Williamson O E, 1989. Transaction Cost Economics[M]//Schmalensee R, Willig R(eds.). Handbook of Industrial Organization, Volume I. Amsterdam: North-Holland.

［203］ Williamson O E, 1991. Comparative economic organization: The analysis of discrete structural alternatives[J]. Administrative science quarterly, 36(2): 269-296.

［204］ Wong C, 2009. Rebuilding government for the 21st century: Can China incrementally reform the public sector? [J]. China Quarterly, 200: 929-952.

［205］ Wood A K, Lewis D E, 2017. Agency Performance Challenges and Agency Politicization[J]. Journal of Public Administration Research and Theory, 27(4): 581-595.

［206］ Wood C, 2006. Scope and patterns of metropolitan governance in urban America: Probing the complexities in the Kansas City region[J]. The American Review of Public Administration, 36(3): 337-353.

［207］ Wright D S, 2003. Federalism and intergovernmental relations: Traumas, tensions and trends[J]. Spectrum: The journal of state government, 76(3): 10-13.

［208］ Xu C, 2011. The fundamental institutions of China's reforms and development [J]. Journal of economic literature, 49(4): 1076-1151.

［209］ Yang W T, Qin C S, Fan B, 2022. Do institutional pressures increase reactive transparency of government? Evidence from a field experiment[J]. Public Management Review: 1-20.

［210］ Yi H T, 2017. Network Structure and Governance Performance: What Makes a Difference? [J]. Public Administration Review, 78(2): 195-205.

［211］ Yi H, Ivy L, 2022. Executive Leadership, Policy Tourism, and Policy Diffusion among Local Governments [J]. Public Administration Review, 82(6): 1024-1041.

［212］ Yi H, Suo L, Shen R, et al., 2018. Regional governance and institutional collective action for environmental sustainability[J]. Public Administration Review,78(4): 556-566.

[213]　Yilmaz S, 1999. The impact of fiscal decentralization on macroeconomic performance[C]//Proceedings. Annual Conference on Taxation and Minutes of the Annual Meeting of the National Tax Association (Vol. 92). National Tax Association: 251-260.

[214]　Zeemering E S,2008. Governing Interlocal Cooperation: City Council Interests and the Implications for Public Management[J]. Public Administration Review, 2008,68(4): 731-741.

[215]　Zeemering E S,2019. Do interlocal contracts seek collaborative efficiency? An investigation of police service delivery in California cities[J]. Public Management Review,21(7): 968-987.

[216]　Zhang H,Tang G,2021. Paired assistance policy and recovery from the 2008 Wenchuan earthquake: A network perspective[J]. Disasters,45(1): 126-157.

[217]　Zhang Y,Zhu X,2019. Multiple mechanisms of policy diffusion in China[J]. Public Management Review,21(4): 495-514.

[218]　Zhang Y, Zhu X, 2020. Career cohorts and inter-jurisdictional innovation diffusion: an empirical exploration in China [J]. International Public Management Journal,23(3): 421-441.

[219]　Zhu X,Meng T,2020. Geographical leadership mobility and policy isomorphism: narrowing the regional inequality of social spending in China[J]. Policy Studies Journal,48(3): 806-832.

附录 A　调研记录汇总表

访谈编号	访谈时间	访谈地区	访谈单位	人次	访谈形式
Y210126	2020 年 11 月至 2022 年 6 月	Y 省	政数局	10	参与式观察 单独面谈 电话访谈
Y211217	2020 年 12 月至 2021 年 12 月	Y 省	数字政府研究院	5	参与式观察 单独面谈
YGZ210501	2021 年 5 月至 2022 年 6 月	Y 省 GZ 市	政数局	40	参与式观察 单独面谈 电话访谈
YGZ211213	2021 年 12 月至 2022 年 10 月	Y 省 GZ 市	车辆管理所	3	实地访谈
YGZ211215	2021 年 12 月	Y 省 GZ 市	不动产登记中心	2	实地访谈
YHY211221	2021 年 12 月	Y 省 HY 市	政数局	2	单独面谈
YMZ211221	2021 年 12 月至 2022 年 3 月	Y 省 MZ 市	政数局	2	电话访谈
YZJ211221	2021 年 12 月	Y 省 ZJ 市	政数局	1	电话访谈
YMM211221	2021 年 12 月	Y 省 MM 市	政数局	1	电话访谈
YZQ211221	2021 年 12 月至 2022 年 3 月	Y 省 ZQ 市	政数局	2	电话访谈
YDG211221	2021 年 12 月至 2022 年 3 月	Y 省 DG 市	政数局	2	电话访谈
YYJ211221	2021 年 12 月	Y 省 YJ 市	政数局	1	电话访谈
YJY211221	2021 年 12 月	Y 省 JY 市	政数局	1	电话访谈
YZS211221	2021 年 12 月至 2022 年 3 月	Y 省 ZS 市	政数局	2	电话访谈
LSY211221	2021 年 12 月	L 省 SY 市	营商环境局	1	电话访谈
XC211210	2021 年 12 月	X 省 C 市	行政审批服务局	5	电话访谈

续表

访谈编号	访谈时间	访谈地区	访谈单位	人次	访谈形式
QB211206	2021 年 12 月	Q 省 B 市	政务服务中心	6	电话访谈
GWZ211221	2021 年 12 月至 2022 年 3 月	G 省 WZ 市	行政审批局	3	电话访谈
EWH211221	2021 年 12 月	E 省 WH 市	政务服务和大数据管理局	1	电话访谈
HHB211221	2022 年 1 月	H 省 HB 市	营商环境建设监督局	1	电话访谈
JXGZ211221	2021 年 12 月	JX 省 GZ 市	行政审批局	1	电话访谈
HNHK 211221	2021 年 12 月至 2022 年 3 月	HN 省 HK 市	政务管理局	2	电话访谈

　　说明：对大部分访谈对象进行了两次以上的访谈。Y 省及 GZ 市相关访谈超过 60 次。为简明扼要，本研究针对一个访谈对象只做一次编码。

附录 B　半结构化访谈提纲

说明：以下为半结构化调研访谈提纲示例。针对每次不同地区和人员的访谈会进行适当调整，并结合访谈现场情况有所增删。

政务服务通办基本情况

（1）请问您任职的部门除了负责政务服务通办以外，还主要负责哪些其他业务？

（2）请问您是从何时起开始办理政务服务跨域通办的相关业务？

（3）您所在的城市每一次通办达成都会签署协议吗？

（4）您所在的城市每一次通办达成都会公开新闻宣传吗？

（5）我看到您正在安排最近一次通办的现场签约和新闻报道，能介绍一下本次新闻报道的目的和重点内容吗？

（6）您觉得签署协议到底有无必要？若有，它的必要性在哪里？

（7）您所在城市的市政府、市发展改革委或者其他领导单位，是否对政务服务通办工作提出了考核目标或具体要求？是量化目标吗？可以具体说说吗？

（8）目前已经实现通办的合作关系中，主要是靠城市之间的固定对接人一对一对接业务吗？对接业务时会使用哪些技术手段呢？

（9）政务服务通办业务会不会耗费行政资源？耗费多吗？

（10）区分通办事项是全程网办还是异地可办有没有意义？

（11）我看到目前很多工作依然是与政务服务标准化背道而驰的，您觉得这种割裂的根本原因在哪里？我们如何才能改进？

（12）可以介绍一下您所经手的无差别受理事项吗？

（13）国办《意见》中提到的 140 项高频事项，您这边的完成情况如何？

（14）您这边如何向群众宣传政务服务通办业务？

（15）目前推进跨域通办改革中，您碰到的一些难题都是怎么解决的？

（16）目前推进跨域通办改革中，您遇到了哪些难以解决的困难环节或矛盾？这些困难是来自人为主观因素还是制度客观条件呢？

（17）目前已经通办的这些改革案例，对之后的通办业务有什么指导经验呢？

（18）您认为"跨省通办、省内通办"这个事情，最终实现的效果应该是什么样的？

（19）您认为"跨省通办、省内通办"这项改革，现在全国范围内哪个城市做得比较好？亮点是什么？贵单位是否可以借鉴？为什么？

合作广度

（1）您所在的城市会出于什么缘由参与到政务服务通办工作中来呢？

（2）您所在的城市早于国办文件就开始了政务服务通办的创新，当时这种主动性是从何而来的？是什么原因促成了这项工作呢？

（3）您所在的城市已经和哪些城市开通了政务服务通办呢？

（4）您这边有签署通办协议的主观或客观需求吗？

（5）咱们选取省外城市合作时是考虑什么因素呢？

（6）新冠疫情对政务服务通办工作是否有影响？有怎样的影响呢？

（7）国家发展改革委组织的最新的全国重点城市营商环境考核中有涉及跨省通办，这会对您这边的工作推进有什么影响？

合作联结

（1）请问您所在的城市在选择跨域通办合作伙伴时，选择标准是什么呢？

（2）目前已经通办的这些伙伴城市，符合你们主要考虑的标准吗？有没有个别城市有例外情况呢？若有，请您简单介绍一下。

（3）您是通过哪些材料判断其他城市是否与您的城市间有频繁人口流动呢？

（4）当时您与××城市的合作，是您这边主动联络，还是他们那边呢？其他合作呢？您这边主动得多，还是对方主动得多呢？

（5）当时××市主动找您，但您这边没同意通办，是出于什么原因呢？

（6）在您主动询问合作意愿的城市里，是否最终全都达成合作了呢？那些拒绝的城市有没有给出拒绝的原因呢？

（7）刚才听您的意思是说，在通办达成之前，您办理这些事项的标准是高于其他城市的是吗？对方几个城市为了能达成这个通办，是不是自愿改变了、优化了自己的办理标准，付出了一些工作量？

（8）寻找通办伙伴时，有考虑过不同行政层级吗？比如，省和市，市和区。

（9）您这边的签约的时候，对省内城市和省外城市，想法上有没有什么区别？

（10）您在选择省外通办城市的时候，有没有"强强联手"的想法？或是相反？

（11）目前已经实现通办的合作关系中，是否有高于本单位一把手的领导介入给出指导意见呢？例如，市长/分管副市长对本市政务服务管理单位提出意见和建议等。若有，都有什么意见和建议呢？

（12）我看到很多通办协议的最后会写"本协议有效期限为壹年，有效期届满前壹个月，如签约各方对本协议无修订意见，本协议自动续期下一年度，依此类推"——为什么要只签一年？

（13）签订通办合作协议的时候，会同时给出通办事项清单吗？

（14）没有通办事项清单，通办业务可以真正落实吗？

合作程度

（1）对不同城市的通办深度（事项数量、受理标准、流程等）有区别吗？若有区别，请您简单介绍一下。

（2）您所在的部门，从各部门收集整理这些通办事项的清单时，有阻力吗？

（3）城市之间开通通办后，有的城市列出的可通办事项很多，有的却很少，您怎么理解这种差别？您觉得是什么原因造成的？

（4）您给各个通办城市分配通办事项时，是按照什么标准呢？

（5）我们给您的事项清单，您有进行筛选吗？筛选的标准是什么呢？

（6）通办实际业务量是否有数据统计呢？群众办理的业务量如何？

（7）我看到您所在省也签署了省级层面的通办合作协议，您了解这些协议附带的事项吗？这些事项都是省级层面的事项吗？是否与市级事项有关？

（8）（对跨域通办窗口人员）请问通办事项的范围是按照什么标准呢？

（9）（对跨域通办窗口人员）请问窗口显示可通办的城市，都签了通办协议吗？

（10）（对跨域通办窗口人员）没签协议的城市，为什么你们不能办理呢？

（11）（对跨域通办窗口人员）如果有群众找来，想办某个城市的事项，但这个城市并未与你们签约，你们窗口会怎么回应群众呢？

（12）（对跨域通办窗口人员）你如何理解全程网办和异地可办之间的区别？

（13）（对跨域通办窗口人员）您觉得全程网办属于政务服务通办的范畴吗？

（14）（对跨域通办窗口人员）到您窗口来咨询和办理异地可办事项的群众多不多？

致　　谢

衷心感谢我的导师于安教授对本人的精心培养。从入学初始的学术指导到我确定博士研究题目,前后共有 20 余次讨论,在导师的细致指引下,我修改完成了 7 版博士开题报告和 4 版博士毕业论文。读博四年来,在晚上 10 点离开学院的时候常常看见于老师的办公室依然亮着灯。于安教授的刻苦和博学值得我终生学习。

因为客观因素,我在博士三年级时将研究方向从气候治理领域转向政务服务领域,初转型时的茫然和无知依然印象深刻。在导师的大力支持下,我得以前往广东省政数局和广州市政数局进行为期 4 个月的参与式观察。衷心感谢两所实习单位给予我的支持和引导,尤其感谢广州市政数局审批协调处的各位领导和同事。你们扎实的业务能力、无私的知识分享和友好的待人态度,将使我终生难忘。

衷心感谢清华大学齐晔、孟庆国、程文浩、朱旭峰、吕孝礼、高宇宁、周绍杰、张楠、邓国胜、陈玲、戴亦欣、张鹏龙、张芳等多位老师,感谢北京大学马亮、湖南大学谭海波、北京工业大学郭施宏、马里兰大学朱梦曳、佛罗里达州立大学唐恬、哈尔滨工业大学(深圳)刘天乐、清华大学靳天宇等老师对这项研究提出的宝贵学术意见。衷心感谢我在田野调查中认识的各位政务服务领域的专家,感谢易晓峰、马全有、蒲智、傅建平、张宏建、王东、洪海洋、余坦、张瑜、欧丹雯等师友所传授的实践经验。感谢公共管理学院齐晔、程文浩、谢矜、陈天昊、陈思丞、杨晓朦和金士耀老师给予我生活上的关心和照顾。没有以上老师和专家们的爱护与保护,雪纯绝无可能完成这篇研究。

衷心感谢复旦大学范梓腾老师亦师亦友的支持。范老师在我每一次研究有进展时提醒"不可大意,逻辑仍不严谨",也在我每一次线索混乱时提示"其实你已经找到了突破点"。感谢范老师所有的挑战与质疑、知识和观点。

衷心感谢我所在的两个师门。感谢于安教授师门的蔡泽泰、方国阳、邵建树,感谢齐晔教授师门的张瑾和吕婧,谢谢你们时常关心我的进展,并毫不犹豫地提供帮助。感谢我身边朋友的支持,感谢杨秀、靳晓、杨惠、郭元方、王英伦、薛金刚、孔媛和徐洁,你们的善意与友情陪我渡过难关。

　　衷心感谢我的家人。感谢我的丈夫陆博士和我的闺蜜邹博士。丈夫的爱如磐石,托起我一往无前。闺蜜的爱如韧丝,陪伴我艰难求索。

　　感恩清华园里的一切。四年来,我每一天都在进步,每一天都体验着这只此一次的人生。此生自强不息,厚德载物,不负人民,不负卿。

王雪纯

2022 年 6 月于隆德大学

后 记

2022年年末,本书完稿。2023年年初,我从清华大学公共管理学院博士毕业,入职西交利物浦大学西浦智库,任助理教授。其后,我持续关注中国的跨域政务协同进展,并构建和更新城市间合作数据集,力求动态全景地勾勒出我国政务服务跨域通办的基本面貌。

根据最新数据,我国城市政务服务通办合作的整体网络密度继续提高,城市通办范围日益扩大。截至2022年年底,全国333个地级行政区中确立合作关系的"城市对"增加到5070对,签约率为9.17%,城市平均伙伴数量约为30个。2023年年底,通办工作走向常态化,签约率上升为10.33%,城市平均伙伴数量增至34个。虽然通办改革并非抛开需求、盲目追求签约率,但在跨域通办改革初期,城市间签约率的增加具有现实意义。

城市对政务服务跨域通办改革的持续跟进离不开国家的顶层设计。2022年,国务院办公厅印发关于跨域通办的后续跟进文件,即《关于扩大政务服务"跨省通办"范围进一步提升服务效能的意见》(国办〔2022〕34号),文件对扩大通办事项范围、提升通办服务效能和加强通办服务支撑都提出了可落地的建议和要求。2024年,国务院发布《关于进一步优化政务服务提升行政效能推动"高效办成一件事"的指导意见》(国发〔2024〕3号),将政务服务跨域通办融入全面的政务服务模式创新工作,并建议通过数据跨域共享、系统无缝衔接、远程虚拟窗口和线下代收代办联动等机制解决异地办理中的瓶颈问题,进一步纵深推进跨域办理的准确率、安全度和深度。

伴随着跨域通办工作的平稳推进,经验性的数据和案例持续积累,越来越多的政务服务工作人员和公共管理研究人员参与到相关讨论中。我本人也以本书和原创城市政务服务通办数据库为基底,延伸出4篇期刊文章、3篇会议论文和若干正在进行中的工作。2022年8月,我和复旦大学范梓腾老师在 *Public Management Review* 期刊上合作发表了"Understanding inter-local collaboration for service delivery for migrant workers during the COVID-19 pandemic:Evidence from Guangdong, China"一文。这篇文章是对政务服务跨域通办合作深度驱动因素的初步探索,虽然仅使用广东省内的 210 个二元"城市对",但我们验证了城市政府在合作伙伴选择阶段和合作深度贡献阶段完全不同的行为逻辑,这也是我第一次学习并使用 ZINB 模型。2022 年 12 月,我和范梓腾老师合作发表了《政务服务"异地可办"中的地方政府合作逻辑:来自广东省的证据》一文。这篇文章的主要贡献是为城市间合作联结建立"需求侧—供给侧"解释框架,我们通过较为优秀的广东的情况来反思全国,尝试回答"城市'点对点'通办合作是否合理?"等当时在实践界已较为敏感的议题。这两篇文章相继发表后,我们开始探索全国 333 个地级行政区的通办经验。继而于 2023 年 11 月发表了《政务服务"跨城通办"的扩容与升级——基于府际合作的视角》一文,尝试对过去3 年政务服务跨域通办改革的全貌作阶段性梳理和总结。从府际合作的视角来看,城市的通办签约网络密度在历时维度上平稳增长,在空间维度上由单一中心格局演变为多中心格局。基于大量的访谈信息和实地观察,我们指出通办合作升级面临着来自目标置换、共识维系以及效果受阻的潜在困境。

在撰写博士论文、整理田野资料和 55278 个"城市对"数据的过程中,我发现了很多有趣的切入点。例如,"跨省通办"和"省内通办"为我们验证合作行为逻辑提供了天然的异质性场域;例如,那些没有历史合作经验的"城市对",会更加参考同侪行为而影响自身的合作决策;例如,有关部门对通办改革的理解直接影响了最终改革效果,而那些同样对通办葆有激情的机构们总是可以找到彼此并一拍即合。数据中大大小小的证据、访谈中的蛛丝马迹……常常使我兴奋不已。在被 ideas 热切包围下,我和范梓腾、敬乂嘉老师共同挖掘了双边合作中的"第三方"角色。2025 年 7 月,我们的合作文章"Partnering With Peer-Endorsed Cities: Unpacking the Role of Peer Choices in Interlocal Collaboration"在 *Public Administration Review* 期刊上发表。这篇文章不仅验证了我前期的猜想——双边合作的决策因素包含第三方的同侪效应,还进一步挖掘了第三方角色的信息作用机制,及其对历史合作关系和官员个体网络等经典动力因素的替代效应。2025 年 6 月,我和南京财经大学薛金刚老师合作了《不完全契约视角下的政务通办授权型合作:现实困境与潜在风险》一文,并在南京大学政府管理学院"政务服务研究工作坊"汇报。这篇文章将不完全契约理论引入府际合作研究,为解析中国场景下"授权—担责"分离现象提供了新的理论视角,有助于学界重新审视数字时代跨域治理中的制度弹性边界,并为各类政务通办改革提供理论参考。2025 年 7 月,我们团队在第七届 International Conference on

Public Policy(泰国清迈)中组织了专题论坛"Interlocal Collaboration for Inclusive Governance"，通过多元化的平台向世界展示中国公共服务均等化工作和地方政府间合作绩效。

但是，不论是本书还是我已发表的学术文章，都是从合作行为动力的视角切入，研究政务服务跨域通办。学界和实践界还存在很多其他的视角来认识和剖析通办改革。例如通办绩效与社会满意度、通办与行政负担间的多维关系、跨域理念和通办理念带来的组织变化、通办授权的行政法效力，等等。这些视角同样具有理论意义和实践贡献，有待其他学者为我们解惑答疑。

改革总是在自我纠正中持续演化，跨域通办也不例外。本书研究所使用的数据、所参考的访谈和所记录的事件，主要发生于 2021 年和 2022 年。截至本书出版，国务院在政务服务跨域通办领域又相继出台了升级版和引领性文件，各省份各地市政务服务部门又相继作出了诸多的推进和落实。本书的研究过程和结论虽然可以为实践界贡献些许的学术视角和优化建议，但 2022 年之后的跨域政务合作历程仍需要数据进一步佐证。

政务服务跨域通办作为一场前所未有的地方政府间合作改革，值得被全世界关注公共服务均等化、行政服务效能和政府间跨域协作的学者和实践者研究和学习。希望未来有更多的学者看到跨域通办改革，调查通办的进度和瓶颈，测量通办的绩效和影响，揭示跨域通办中丰富的因果机制；也希望其他国家的实践者，可以借鉴跨域通办这种非毗邻授权型合作模式，在恰当的时机解决部分合作困境。

王雪纯

2025 年 7 月于西交利物浦大学